NOTICES

SUR

M. POIVRE,

INTENDANT DES ILES DE FRANCE ET DE BOURBON,

CORRESPONDANT DE L'ACADÉMIE DES SCIENCES,

ET SUR

M. DUPONT DE NEMOURS,

CONSEILLER D'ÉTAT, MEMBRE DE L'INSTITUT ;

PAR M. A. BOULLÉE,

ANCIEN MAGISTRAT, DES ACADÉMIES DE LYON, TURIN, DIJON ;

SUIVIES

DU DISCOURS DE RÉCEPTION DE L'AUTEUR

A l'Académie de Lyon

LYON.

IMPRIMERIE DE GABRIEL ROSSARY,

Rue Saint-Dominique, n. 1.

1835.

NOTICES

SUR

M. POIVRE,

INTENDANT DES ILES DE FRANCE ET DE BOURBON,

CORRESPONDANT DE L'ACADÉMIE DES SCIENCES,

ET SUR

M. DUPONT DE NEMOURS,

CONSEILLER D'ÉTAT, MEMBRE DE L'INSTITUT;

PAR M. A. BOULLÉE,

ANCIEN MAGISTRAT, DES ACADÉMIES DE LYON, TURIN, DIJON;

SUIVIES

DU DISCOURS DE RÉCEPTION DE L'AUTEUR

A l'Académie de Lyon.

Lyon.

IMPRIMERIE DE GABRIEL ROSSARY,

Rue Saint-Dominique, n. 1.

1835.

NOTICES

SUR

M. POIVRE,

INTENDANT DES ILES DE FRANCE ET DE BOURBON,
CORRESPONDANT DE L'ACADÉMIE DES SCIENCES,

ET SUR

M. DUPONT DE NEMOURS,

CONSEILLER D'ÉTAT, MEMBRE DE L'INSTITUT;

PAR M. BOULLÉE,

ANCIEN MAGISTRAT; DES ACADÉMIES DE LYON, TURIN, DIJON;

SUIVIES

DU DISCOURS DE RÉCEPTION DE L'AUTEUR

A l'Académie de Lyon.

Lyon.

IMPRIMERIE DE GABRIEL ROSSARY,

Rue Saint-Dominique, n. I.

1835.

AVERTISSEMENT.

Les Notices qui suivent, originairement écrites, l'une
pour la collection des Hommes utiles, l'autre pour la
Biographie universelle, se sont étendues peu à peu sous
ma plume. Uni par les liens d'une étroite affinité à la
respectable veuve des deux hommes célèbres qu'elles ont
pour objet, j'ai regardé, pour ainsi dire, comme un
devoir de famille la recherche des faits qui recommandent leur existence à l'estime et à la gratitude de la
postérité. Parmi les documens dont je me suis aidé pour
le Précis biographique relatif à M. Poivre, je dois citer
particulièrement la Notice publiée en 1797 par M. Dupont de Nemours lui-même, et les Mémoires envoyés au
Concours académique de 1820, que j'ai consultés avec
soin, et qui m'ont fourni des lumières utiles. Il est fort
à regretter qu'aucun d'eux n'ait été imprimé. Mon
opuscule n'a point la prétention d'en tenir lieu, mais il
peut faire naître le désir d'appeler sur l'un ou l'autre
de ces Mémoires le jour de la publicité, et à ce titre je
n'aurai point à me repentir de l'avoir produit.

Pour la Notice sur M. Dupont de Nemours, j'ai mis surtout à contribution ses Éloges imprimés par MM. Sylvestre, Dacier et Degérando, et les principaux ouvrages de cet aimable et savant publiciste.

Malgré la possession de tant d'élémens précieux, j'aurais considéré ma tâche de biographe comme imparfaite, si je n'eusse pris soin de recueillir ces détails privés, et pour ainsi dire, domestiques, qui jettent tant de jour sur la vie d'un personnage célèbre. Je n'ai pas besoin d'ajouter que j'ai puisé ces détails à la source la plus authentique et la plus pure, en sorte que leur intérêt naturel se trouve rehaussé par l'avantage d'une exactitude incontestable.

J'ai donné, à la suite de ces opuscules, mon Discours de réception à l'Académie de Lyon. Le temps, qui emporte avec une vélocité souvent si déplorable les hommes et les choses, a favorablement modifié, j'aime à le reconnaître, les circonstances politiques au sein desquelles ce discours fut prononcé. Mais les maximes de tolérance, de modération et d'impartialité que j'y ai développées sont de tous les temps, et nous n'avons malheureusement pas encore traversé, que je sache, l'époque où ces maximes offrent un mérite d'application et même d'à-propos.

NOTICE

SUR POIVRE.

NOTICE SUR POIVRE.

Le don d'une plante utile me paraît plus
précieux que la découverte d'une mine d'or et
un monument plus durable qu'une pyramide.

Bernardin de St-Pierre, *Voy. à l'Ile-
de-France*, Lett. xiii.

Un des caractères les plus remarquables de l'amour de la
patrie, c'est la diversité merveilleuse des formes sous lesquelles
il se produit. Ici, nous l'admirons bravant les hasards de la
guerre, et mettant, pour ainsi dire, une vie d'homme en re-
gard d'un devoir; là, principe le plus actif du courage civil,
c'est sous les traits d'un magistrat intrépide et dévoué qu'il cap-
tive notre admiration et nos hommages; ailleurs, cette noble
passion s'unit au génie, et c'est à elle que la science emprunte
ses plus vives inspirations. Sa généreuse ardeur retient dans son
atelier obscur l'investigateur laborieux des richesses de la nature;
elle entraîne l'aventureux navigateur sur des plages lointaines,
à la découverte d'une colonie nouvelle, à la conquête d'une
industrie utile, d'une culture productive pour son pays. Gardons-
nous de dédaigner ce dernier genre de dévoûment, si modeste
en apparence; il a suffi presque seul à la renommée du citoyen
illustre qui fait le sujet de cette notice. Rappeler les efforts si
périlleux, si persévérans, auxquels la France et l'Europe entière
sont redevables de ces plants précieux, de ces riches cultures
dont les produits étaient, il y a moins de cent ans, l'objet d'un
odieux monopole, c'est en quelque sorte prononcer le nom de
Pierre Poivre.

Ce savant philanthrope naquit le 23 août 1719, à Lyon, où sa
famille, établie depuis trois siècles, comptait un grand nombre

de négocians estimés. Il manifesta de bonne heure ce penchant à bien faire, et cette aptitude remarquable pour tous les genres de connaissances, qui devaient consacrer un jour son nom parmi ceux des hommes les plus utiles à leur pays. Les missionnaires de St-Joseph, frappés des heureuses dispositions qu'il annonçait, le sollicitèrent avec instance de s'attacher à leur ordre, et ce fut sous les auspices de l'Institut des Missions étrangères de Saint-Lazare, qu'il fit à Paris son cours de théologie. Il employa ensuite quatre ans à l'étude des diverses branches de l'histoire naturelle, des arts industriels et du dessin, et se mit ainsi en état de porter dans les contrées lointaines le flambeau de la religion et de la science. Cette double destination lui fut bientôt offerte. Poivre partit à vingt-un ans pour la Chine et la Cochinchine, avec quelques autres missionnaires. Il était porteur d'une lettre de recommandation pour le vice-roi de Kanton, qu'un Chinois lui avait procurée à son passage dans l'Inde. Mais cette prétendue recommandation, mal à propos remise à Poivre, n'était qu'une délation odieuse dont le véritable objet s'était soustrait au ressentiment qui l'avait inspirée. Victime d'une méprise qu'il ne pouvait établir, Poivre fut conduit en prison.

Cette première épreuve de l'adversité fut loin d'abattre son courage. En homme déjà supérieur, il la fit servir au succès même de la mission qui lui était confiée. Il étudia la langue du pays pour se justifier, recouvra la liberté, et gagna bientôt les bonnes grâces du vice-roi. Ce prince accorda à Poivre des facilités précieuses pour visiter ses états, et le jeune missionnaire recueillit dans cette intéressante exploration une foule d'observations utiles et beaucoup plus exactes que celles des voyageurs qui l'avaient précédé. Après un séjour de deux ans dans les diverses provinces de la Chine, il parcourut la Cochinchine avec ses confrères, et revint à Kanton où il avait conservé toute la faveur du vice-roi. Il en fit un usage également utile à sa nation et aux intérêts de la Compagnie des Indes, et attira par ses services l'attention du gouvernement français.

Le zèle intelligent avec lequel Poivre s'était adonné à l'étude des lois, des mœurs, des procédés agricoles et industriels des contrées qu'il avait visitées, n'avait point absorbé sa vocation première pour l'état ecclésiastique. Son dessein était de prendre les ordres à son retour dans sa patrie, et d'aller ensuite où l'appellerait le devoir ; mais la Providence le destinait sans partage à la science, et c'est par une dure expérience des périls attachés à la carrière aventureuse qu'il devait parcourir, qu'elle sut l'y fixer irrévocablement. Le vaisseau qui le ramenait en France fut attaqué par les Anglais au détroit de Banca ; une action s'engagea dans laquelle l'intrépide voyageur eut le poignet droit emporté par un boulet de canon, et fut abandonné vingt-quatre heures à fond de cale, sans secours, baigné dans son sang, en proie à d'horribles souffrances. On voit avec intérêt dans les fragmens de mémoires que Poivre a laissés, le sang-froid et la religieuse résignation dont il fit preuve dans ces cruelles circonstances. *Je ne pourrai plus peindre !* s'écria-t-il. lorsqu'il se sentit blessé. Ce fut la seule exclamation que lui arracha sa situation. Peu d'instans après son bâtiment fut pris, et un chirurgien anglais lui fit l'amputation du bras, que la gangrène commençait à atteindre. Poivre raconte qu'il fut sauvé presque miraculeusement des suites de cette opération par une forte hémorragie à laquelle un incendie survenu au vaisseau empêcha le chirurgien de porter remède. Cet événement, qui l'éloignait sans retour du ministère ecclésiastique, fut pour lui la source d'un autre regret. Il lui fit perdre ses manuscrits et la collection précieuse des dessins qu'il rapportait en France. On le conduisit à Batavia où il fut rendu à la liberté. Ce séjour dans le siége principal des établissemens des Hollandais, ne fut point perdu pour son esprit observateur. Il se convainquit bientôt de la possibilité d'enlever à ce peuple le monopole également injuste et onéreux qu'il s'était attribué de la culture et du débit des épiceries fines, et pressentit les immenses avantages que nos colonies pourraient retirer de la possession des plants qui les produisent. Mais ce n'était pas le moment d'exécuter cette idée. Il la renferma avec soin au dedans de lui-même pour ne lui donner d'essor que lorsque les circonstances le permettraient. De Batavia, Poivre se rendit à Mergui, port du royaume de Siam, et de là à Pondichéri, où il aborda après une traversée féconde en périls. Il y fut témoin de la belle expédition de Madras, fit la connaissance de La Bourdonnais, gouverneur de l'Ile-de-France, où il passa avec lui. Après plusieurs relâches sur les côtes d'Afrique, et une dernière station à la Martinique ; il fit voile enfin pour la France sur un senau hollandais. Cette traversée lui fut encore fatale. Il fut pris à l'entrée de la Manche par un corsaire de St-Malo, repris par les Anglais, et emmené à Guernesey ; mais sa captivité fut de courte durée. La paix le rendit enfin à sa patrie au mois de juin 1748, après plus de sept ans d'absence.

Les notions précieuses que Poivre rapportait sur la géographie, le commerce et l'administration des pays qu'il avait parcourus ; sa facilité à s'énoncer dans plusieurs langues orientales, ne pouvaient manquer de fixer sur lui l'attention spéciale de la Compagnie des Indes, qui fut frappée de l'importance et de l'utilité des vues qu'il développa devant elle. Parmi les plans que le jeune voyageur soumit à ses méditations, elle distingua celui qui consistait à ouvrir un commerce direct de la France avec la Cochinchine, et le projet plus vaste encore de transplanter dans nos colonies des Iles-de-France et de Bourbon les arbres à épiceries fines, dont la culture était alors concentrée dans les seules Moluques. Poivre fut désigné lui-même pour mettre immédiatement à exécution le premier de ces plans. Sa modestie lutta quelque temps contre une exigence qui lui paraissait supérieure à ses forces ; mais enfin il céda. Après avoir relâché au Cap, où il fit plusieurs observations intéressantes, il débarqua, en 1749, à la Cochinchine, avec le titre de ministre du Roi de France. Ce caractère, qui n'avait point encore été déployé dans ces contrées, l'aida puissamment à gagner la confiance et l'intimité du souverain, et à déjouer les intrigues des mandarins et des courtisans, qui ne pouvaient voir sa faveur sans ombrage. Poivre parvint à obtenir l'établissement d'un comptoir français dans la baie de Touranne, à Faï-Fo. Malheureusement, la Compagnie des Indes manquait des vaisseaux nécessaires pour profiter des priviléges attachés à cet établissement ; mais le conseil de Pondichéri en fit usage, et recueillit pendant quelques années des bénéfices considérables. Après avoir ainsi réussi dans l'objet essentiel de sa mission, Poivre vint à l'Ile-de-France, rendit compte à la Compagnie des Indes des fonds qu'il en avait reçus, et déposa dans ses magasins jusqu'aux présens particuliers qui lui avaient été faits par le roi de Cochinchine. Il poussa la délicatesse au point de refuser toute indemnité pour les préjudices qu'il avait personnellement éprouvés. « Je m'étais laissé voler par ma faute, dit-il « à la Compagnie, il n'est pas juste que vous supportiez cette « perte. » Poivre avait mis à profit son séjour à la Cochinchine pour préparer à nos colonies cette conquête des végétaux précieux des Indes, qui fut la conception dominante de sa vie. Il en rapporta un petit nombre de plants de canneliers, de poivriers, d'arbres de teinture et d'arbres fruitiers, et, ce qui était plus utile encore, du riz sec qui croît jusque sur les montagnes, et qui n'exige presque point d'irrigation. Le succès de cette première tentative détermina la Compagnie des Indes à lui confier une mission plus étendue dans le même objet, et il se rendit presque immédiatement à Manille, où on promit de lui envoyer une frégate pour le conduire à la recherche des arbres à épiceries fines. C'est ici qu'on va voir son intelligence et son zèle aux prises avec des difficultés de toute nature, et qu'on pourra apprécier l'étendue de ce patriotisme qui devait le rendre supérieur à tous les obstacles. Le premier lui fut suscité par la Compagnie elle-même, qui avait éveillé la vigilance des Hollandais en divulguant indiscrètement le plan proposé par Poivre pour la transplantation des épiceries. Peu de personnes connaissent la rigueur des précautions que ce peuple avait prises pour perpétuer à son profit le débit exclusif de ces substances si recherchées. Ces précautions peuvent se résumer par l'établissement de la peine de mort qui était infligée au coupable de l'extraction d'un seul plant réservé. Ce n'est pas tout encore. Par un excès de prévoyance qui a quelque chose d'infernal, la Compagnie hollandaise avait pris soin de faire confectionner de fausses cartes de l'archipel des Indes, afin d'engager dans d'homicides écueils le navigateur assez téméraire pour braver cette prohibition et la peine qui y était attachée. Ces difficultés, insurmontables pour tout autre, ne découragèrent point l'intrépide Poivre. Il apprit d'abord la langue malaise afin de communiquer sans interprète avec les Moluquois, employa son séjour à Manille à cultiver la bienveillance du gouverneur, et puisa dans ses archives les connaissances nécessaires pour dresser des cartes exactes de l'archipel des Moluques. Cependant la frégate promise n'arrivait point. En proie aux divisions intérieures qui préparaient sa décadence prochaine, la Compagnie des Indes avait oublié son délégué. Las d'attendre, Poivre s'embarqua pour Pondichéri sur un vaisseau particulier, avec dix-neuf plants de muscadiers et un certain nombre de noix muscades propres à la germination, qu'il s'était procurés à grand'peine, et alla réclamer du gouverneur Dupleix des moyens de transport. Ses instances furent inutiles. Il se rendit alors à l'Ile-de-France où Bouvet, commandant militaire par intérim, consentit à mettre à sa disposition une mauvaise frégate de cent soixante tonneaux. C'est sur ce bâtiment que Poivre fit voile, le premier mai 1754, pour Manille, où la fortune, désarmée par sa constance, allait perdre enfin pour lui quelques-unes de ses rigueurs. Il réussit à obtenir du gouvernement de cette île la délivrance du roi d'Iolo, que les Espagnols retenaient en prison. Ce souverain reconnaissant devint un auxiliaire actif et utile de ses entreprises. Poivre se mit en route sur cet archipel semé d'écueils et infesté de pirates, affrontant la mort, pour ainsi dire, à chaque pas, et soutenu par cette énergie que les obstacles développent toujours dans les ames fortement trempées. Il rencontra sur sa route un vaisseau hollandais dont il n'évita la poursuite meurtrière qu'en arborant un pavillon de sa couleur. Le capitaine qui commandait la frégate, intimidé de tant de périls, voulait retourner à l'Ile-de-France. « Non, dit Poivre avec fermeté; non, tant » qu'il y aura de l'eau et du riz à bord. » Un accident arrivé à sa frêle embarcation l'empêcha d'aborder dans l'île de Méado où il devait trouver des girofliers. Il pénétra enfin à Timor, où il conclut avec le gouverneur un traité par lequel celui-ci s'engagea à livrer à la Compagnie des Indes un nombre déterminé de plants de muscadiers de Banca et de girofliers d'Amboine.

Poivre quitta la rade de Lifao le 2 mai 1755, et arriva heureusement à l'Ile-de-France dans le courant du mois de juin suivant. Il versa dans la caisse de la Compagnie trois mille piastres qu'il n'avait point employées, et distribua aux colons de cette île trois mille noix muscades, un certain nombre de plants d'épiceries, et quelques arbres à fruits de diverses espèces qu'il avait recueillis dans sa périlleuse traversée.

Une dernière épreuve manquait à Poivre : c'était celle de l'ingratitude ou de l'indifférence de ceux pour lesquels il venait d'exposer sa vie. Cette épreuve ne lui fut point épargnée. On la lui avait fait pressentir par ces lignes cruelles qu'on lui écrivait de Paris : « Vous apporteriez toutes les épiceries et tout l'or des « Moluques, qu'on ne voudrait pas les recevoir de vous. » Les divisions intérieures de la Compagnie des Indes firent négliger ses services, et le privèrent même des instructions qu'il était venu recueillir. Mais ce nouveau contre-temps n'enchaîna point son zèle. Résolu à servir, en quelque sorte, les hommes en dépit d'eux-mêmes, il profita de l'inaction où on le laissait pour hiverner à Madagascar, et pour étudier les productions de cette île et les mœurs encore si peu connues de ses habitans. A son retour en Europe, il fut pris une troisième fois par les Anglais et conduit à Corck en Irlande, où son séjour forcé se prolongea jusqu'au mois d'avril 1757. A cette époque, Poivre revint en France et rendit compte de sa mission à la Compagnie des Indes. Son expédition à Manille avait été pour elle la source de bénéfices considérables ; mais ces résultats s'étaient insensiblement évanouis dans la dissolution progressive de cette Compagnie, et Poivre en fut accueilli avec une indifférence qui l'avertit assez qu'il fallait en quelque sorte se replier sur lui-même, et ne plus demander compte qu'à sa conscience de son dévoûment et de ses services. Il fit l'acquisition d'une délicieuse maison de campagne sur les bords de la Saône, aux environs de Lyon, appelée *la Freta*, et s'y retira. Il s'adonna entièrement à l'agriculture et à l'économie politique. Son habitation, ornée des produits les plus curieux des arts cultivés dans la Chine et dans l'Inde, et peuplée de végétaux des quatre parties du monde, était visitée avec un intérêt qui semble avoir survécu aux créations et aux embellissemens de son ancien maître. L'Académie de Lyon ne tarda pas à associer Poivre à ses travaux. Il appartenait, depuis 1754, à l'Académie des Sciences de Paris, à titre de correspondant. Une foule d'hommes célèbres s'honoraient d'entretenir des rapports avec lui. Le gouvernement ne demeura pas étranger à l'empressement universel dont ce savant modeste était devenu l'objet. Indépendamment d'une gratification convenable que le contrôleur-général Bertin lui fit donner sans qu'il l'eût sollicitée, Poivre reçut des lettres de noblesse et le cordon de St-Michel. Cette retraite, embellie par toute la considération qu'une vie pure, de grands services, une instruction profonde et variée, répandaient sur la personne de Poivre, dura neuf ans.

La dissolution de la Compagnie des Indes avait livré à un désordre absolu l'administration des Iles-de-France et de Bourbon. Un ministre auquel nos colonies sont redevables de tant d'établissemens utiles, le duc de Praslin, alors attaché au département de la marine, voulut y porter remède. Il jeta les yeux sur Poivre, manda à Paris l'illustre voyageur, et lui offrit l'intendance des deux îles qu'il s'agissait de préserver d'une ruine imminente. Poivre hésita long-temps à échanger les douceurs de la retraite contre une activité d'existence à laquelle il n'était plus accoutumé. L'intérêt de son pays triompha encore une fois de sa répugnance. Il n'accepta toutefois que sous la condition expresse qu'il ne serait établi dans les colonies ni droits de lods et ventes, ni timbre, ni droits d'enregistrement, et que la justice y serait entièrement gratuite. Poivre fut présenté à Louis XV, et reçut plusieurs témoignages de l'estime personnelle de ce monarque. Il revint à Lyon. Une appréhension secrète ajoutait à l'amertume du sacrifice qu'on venait d'exiger de lui. Il craignait qu'un voyage d'un aussi long cours n'effrayât une jeune personne qu'il était sur le point d'épouser. C'était Mademoiselle Robin, fille d'un ancien magistrat. Mais cette jeune personne, dont il mesurait mal l'attachement et les forces, ne consentit à s'unir à lui qu'à condition qu'elle ne le quitterait plus. Il s'embarqua, le 9 mars 1767, pour aller prendre la direction des colonies qui réclamaient si instamment sa présence et ses soins. Il les trouva dans la situation la plus déplorable. Les bienfaits de la trop courte administration de La Bourdonnais s'étaient rapidement évanouis. Les établissemens publics étaient frappés de décadence. Le discrédit du papier de la Compagnie avait entraîné la ruine d'un grand nombre de familles ; les routes étaient en friche, et le port, presque entièrement comblé par la vase, se trouvait hors d'état de recevoir un seul vaisseau. Poivre ne perdit point à déplorer cet état de choses le temps qu'il pouvait employer à y porter remède. Il s'appliqua d'abord à relever le moral des habitans par la conviction d'un caractère équitable, mais ferme et persévérant, et d'un désintéressement à toute épreuve. Son attention se fixa bientôt sur les moyens d'approvisionnement. Il tira du riz de Madagascar, du blé de l'île Bourbon, et calma ainsi les plus pressantes appréhensions. L'accomplissement de ces premiers soins lui permit de donner plus d'ensemble à son administration. Il encouragea la culture des grains, l'éducation et la propagation des troupeaux, et fit au nom du Roi quelques avances pécuniaires aux colons, dont ils purent s'acquitter en denrées nécessaires au service du gouvernement. On sait que les céréales de l'Europe offrent peu de chances assurées de récolte entre les tropiques, soit à raison de la nature du climat, soit à cause de la violence des ouragans. Poivre, persuadé que les moyens de vivre ne sauraient être trop près des hommes qui doivent les employer, chercha à propager la production du riz sec de la Cochinchine, dont il avait apporté quelques graines dans son voyage en 1749. Malheureusement, son activité ne put surmonter l'apathie des colons pour un genre de culture qui contrariait les idées qu'ils s'étaient faites sur les soins applicables à ce végétal, et cette espèce précieuse de la première plante alimentaire de l'Orient disparut insensiblement des contrées où elle devait entretenir l'abondance. Poivre combattit avec plus d'avantage un fléau sur lequel s'étaient vainement épuisés jusqu'à lui les efforts de l'administration. Des nuées de sauterelles fondaient chaque année sur les grains avant leur maturité, et détruisaient dans quelques instans tout espoir de récolte. Une suite d'expériences éclairées auxquelles il se livra, arrêtèrent la formidable reproduction de ces insectes, et sa sollicitude prévint enfin l'anéantissement presque périodique des céréales de la colonie. Le succès partiel des tentatives que Poivre avait pratiquées en 1754 pour naturaliser dans l'Ile-de-France quelques plants des Moluques et des Philippines, le porta à exécuter la même entreprise dans de plus vastes proportions. Il chargea un officier de marine nommé Provost de se rendre aux Moluques à cet effet, et s'empressa d'aplanir les difficultés de sa traversée par la communication des cartes qu'il avait pris soin de dresser lui-même pendant son séjour à Manille. Les dégradations du Port-Louis fixèrent à leur tour la sollicitude infatigable de Poivre. Il le remplaça par une construction nouvelle assez spacieuse pour contenir douze vaisseaux de ligne et un grand nombre de frégates. Afin de prévenir les éboulemens des terreins environnans par l'action des pluies, il fit garnir les versans rapides et dépouillés des montagnes d'accacias noirs dont la croissance est très hâtive. Il éleva des digues pour détourner les eaux et creusa des canaux pour les recevoir. Poivre fut parfaitement secondé dans ces travaux par Tromelin, officier de marine, et par l'ingénieur Cossigny, membre de l'Académie des Sciences (1).

Tandis que Poivre signalait son administration extérieure par les actes les plus intelligens et les plus efficaces, il ne cessait d'offrir personnellement l'assemblage de toutes les qualités qui honorent l'homme privé. Doux, simple, humain, sincèrement religieux, plein de dignité, d'une égalité d'humeur inaltérable, il faisait revivre dans son intérieur ces vertus patriarcales dont la tradition ne se perdait pas moins aux colonies qu'à la métropole. Les vexations barbares dont la traite des nègres était accompagnée sur les côtes d'Afrique avaient plus d'une fois révolté son humanité. Il mit un terme à ces excès, et pourvut par des règlemens sages à l'adoucissement du sort des esclaves (2).

(1) M. de Cossigny, colonel du génie, fils de ce savant, a épousé en 1816 Mlle Bureaux de Pusy, petite-fille de Poivre.

(2) On peut juger de l'attachement et de la vénération que Poivre avait

L'ardeur dévorante du climat sous lequel il vivait lui occasionna une maladie grave dont il guérit, et répandit dans l'île une petite-vérole épidémique qu'il combattit par le bienfait encore nouveau de l'inoculation. En 1770, il se manifesta quelques craintes d'une guerre avec les Anglais, et Poivre dut faire mettre l'île en état de défense. Ce fut à cette occasion que le duc de Choiseul lui écrivait ces lignes qui se passent si bien de commentaire : « Nous vous envoyons des troupes et des vaisseaux, et point de « vivres ni d'argent, mais *vous êtes là*. » Poivre justifia cette attente avantageuse. Il s'adressa aux chefs de la Compagnie hollandaise établie au Cap, dissipa leurs préjugés et leurs méfiances par le seul éclat de sa réputation, obtint d'eux des provisions et des vêtemens sur la simple garantie de sa signature, et sauva ainsi d'une perte imminente l'expédition qui lui était confiée.

On possède des traces précieuses du caractère que Poivre portait dans les soins si compliqués de l'administration. Ce sont les discours qu'il prononça au conseil supérieur de l'Ile-de-France, dont il était président, lors de son arrivée dans la colonie. Nous en citerons les deux fragmens suivans : « Ne craignez point, « Messieurs, disait-il aux habitans de l'île, ne craignez pas de « me fatiguer, de m'importuner ; mon temps est à vous. Je ne « suis venu ici que pour servir notre commune patrie, en con- « tribuant de toutes mes forces à votre bonheur. Instruisez-moi « hardiment de mes erreurs ; soyez persuadés qu'elles seront

réussi à inspirer aux noirs de l'Ile-de-France, par le trait suivant dont nous devons la connaissance à sa vertueuse compagne. Un soir elle entendit deux nègres employés à son habitation rurale, qui, tout en travaillant, chantaient ce qu'on va lire :

UN NÈGRE.

« Si maître venir ici souvent, nous tous mourir.

UN AUTRE NÈGRE.

« Pourquoi nous autres tous mourir ?

PREMIER NÈGRE.

« Parce que nous autres trop travailler pour faire plaisir à maître. »

« involontaires. Faites-moi voir ce que mes seules lumières ne
« me feraient pas connaître ; je me ferai un devoir de recevoir
« vos avis, de les discuter avec vous, et d'y acquiescer dès
« que la justice, l'intérêt de l'État et le vôtre s'y trouveront réu-
« nis. » Ailleurs, avec une onction qui rappelle le caractère
sacré de sa première vocation, il résume ainsi les devoirs réci-
proquement imposés aux colons et à lui-même pour le bonheur de la colonie : « N'oublions pas que la vertu seule peut
« ramener ici le bonheur que le vice en a chassé, et que la vertu
« est l'accomplissement de tous les devoirs. Aimons nos frères,
« même ceux que le vice rendra nos contradicteurs. Ce ne sera
« pas par la haine que nous les ramènerons, mais par la douceur,
« compagne aimable de la vertu. Nous les ramènerons par notre
« soumission au code aimable de la nature, aux lois sages de la
« société, qui rendraient tous les hommes justes les uns envers
« les autres, s'ils les consultaient. Nous les ramènerons surtout
« par l'exemple que nous leur donnerons de l'attachement le plus
« inviolable à la religion sainte de nos pères, religion divine,
« dont toutes les vérités aussi consolantes que sublimes satisfont
« si bien le cœur en élevant l'esprit ; religion bienfaisante, dont
« tous les préceptes ne furent donnés aux hommes que pour leur
« bonheur.

« Ce sera, messieurs, en remplissant nous-mêmes ces trois
« genres de devoirs, tous liés entre eux, que nous réussirons à
« rétablir l'ordre, à faire régner la vertu, qui seule peut ren-
« dre cette colonie heureuse. Par la force de nos exemples et par
« nos soins, les mœurs pures et simples de la nature seront mises
« en honneur. Les pères et les mères mériteront ces beaux titres
« en donnant à leurs enfans tous les soins prescrits par la nature
« et par la raison. Ils en seront respectés et les vieillards aussi
« par la jeunesse. Les maîtres, sensibles au cri tendre et puissant
« de l'humanité outragée, goûteront le plaisir délicieux d'adou-
« cir le sort de leurs malheureux esclaves, et n'oublieront jamais
« qu'ils sont des hommes semblables à eux....... La patrie sera
« servie avec amour et fidélité ; le chef se regardera comme le
« père ; le colon, comme le nourricier ; le marin, comme le

« pourvoyeur de la famille. Lorsque chacun remplira ainsi tous
« ses devoirs, alors l'île sera en sûreté contre toute invasion du
« dehors ; le bonheur règnera au dedans ; alors ce petit morceau
« de terre habité par des hommes vertueux, deviendra un objet
« digne des regards et des bienfaits du Ciel ; alors les naviga-
« teurs qui aborderont dans ses ports, qui y seront reçus et
« alimentés comme des frères, ne les quitteront plus qu'à re-
« gret ; et d'après ce qu'ils auront vu, ils iront chez toutes les
« nations annoncer ce que peut la vertu pour le bonheur des
« hommes. »

Tous ces bienfaits de l'administration de Poivre ne s'étaient
pas réalisés sans opposition. C'est le propre du bien de ne s'ac-
complir que lentement et au milieu de ces contradictions qui
manquent presque toujours, on ne sait comment, au génie du
mal. A son arrivée dans l'île, Poivre avait rencontré dans le chef
militaire un dangereux antagoniste de ses intentions et de ses
projets. Ce chef mourut, et fut remplacé provisoirement par
M. de Steenhovre, qui prêta au vertueux intendant un concours
actif et sincère. Mais, à l'avénement du chevalier des Roches, gouverneur titulaire, les obstacles reparurent et prirent un tel caractère de contrariété, que Poivre sollicita son rappel. Il l'obtint
en 1772, et s'occupa, en attendant son successeur, de perfec-
tionner les entreprises qu'il avait commencées. L'officier chargé
par lui de rapporter des Moluques des plants d'épiceries fines,
avait complètement réussi dans sa périlleuse mission. Il reparut
avec un nombre de muscadiers et de giroffliers suffisant pour
en assurer la naturalisation. Poivre les fit établir dans le magni-
fique jardin de Mont-Plaisir, vaste dépôt de richesses végétales,
dont les productions ont peuplé la France et l'Europe entière,
et que le voyageur Melon appelait l'*une des merveilles du monde*.
Les beaux jardins de M. de Céré, à l'Ile-de-France, et de M. Hu-
bert, à l'île Bourbon, participèrent aussi à ces précieuses dis-
tributions. Parmi les autres cultures intéressantes dont Poivre
dota nos colonies, il convient de rappeler celles du Laurier des
Antilles, du Cacaotier, du Mangoustan, du Manguier, du Litchi,

du Mabolo des Philippines, du Chou des îles Caraïbes, du Châtaignier des Célèbes, du Sagoutier des Moluques, de l'Arbre à pain, du Mûrier de Madagascar, de l'Arbre à suif, du Bois immortel, du Cannellier de Ceylan, des variétés javanaises de la Canne à sucre, dont la véritable ne fut apportée d'Otahiti que quelques années plus tard par le célèbre botaniste Commerson. Ces différens arbrisseaux furent cultivés dès-lors dans toutes les colonies françaises, et leurs tributs devinrent plus que suffisans pour la consommation de la France. On peut rappeler comme un fait digne de remarque qu'aucun effort du gouvernement n'avait encouragé, avant Poivre, la reproduction des végétaux dont la culture est devenue la source d'un immense commerce ; leur propagation n'avait été due jusqu'alors qu'au hasard ou à des industries particulières. L'illustre intendant a droit à toute notre reconnaissance pour avoir le premier fait entrer dans les sollicitudes de l'administration publique cette branche si intéressante de la prospérité des peuples. Hélas ! les tristes résultats de nos dissensions civiles ont égaré une partie des traces de son zèle ; l'Ile-de-France, séparée de sa métropole naturelle, vit aujourd'hui sous des lois étrangères ; le jardin de Mont-Plaisir, cette collection précieuse des plants des deux hémisphères, a subi une odieuse dévastation ; mais les bienfaits de Poivre subsistent encore pour nous à l'Ile Bourbon et à la Guyane française, où sa mémoire est demeurée l'objet d'une pieuse vénération ; et son nom, inséparablement lié au souvenir de la destruction d'un honteux monopole, ira réveiller dans l'avenir le plus éloigné ces idées de dévoûment patriotique, de bien-être populaire et de liberté commerciale, qui ne sauraient être trop constamment présentes à l'esprit des dominateurs des hommes.

Les deux nouveaux chefs, MM. de Cernay et Maillard, arrivèrent enfin. Poivre reçut l'un comme le libérateur de la colonie, et l'autre comme son libérateur. Il quitta les lieux immortalisés par l'éloquent auteur de Paul et Virginie, et revint en France en 1773. Ses services long-temps négligés, malgré la justice éclatante que leur rendit l'héroïque Suffren, furent récompensés sous

le ministère de Turgot par une pension de douze mille livres, et par
dés marques plus précieuses encore de la satisfaction particulière
de Louis XVI. Sa retraite, animée par les nombreux étrangers
qu'attirait sa réputation, et embellie par les graces et l'amabilité
de sa vertueuse compagne, fut cette fois à l'abri des vicissitudes
qui avaient agité sa vie. Mais les douleurs de la goutte commen-
cèrent à altérer une santé si précieuse à son pays. Le climat des
îles d'Hyères, où les médecins l'envoyèrent passer les hivers de
1784 et de 1785, n'exerça sur elle qu'une action passagère, et
une hydropisie de poitrine l'enleva, le 6 janvier 1786, au sein
d'un repos qu'il avait noblement conquis par une existence dé-
vouée tout entière aux intérêts de la science, aux besoins de
son pays, au culte de l'humanité. On doit citer comme une
particularité remarquable de cet illustre philanthrope, qu'il ne
livra jamais à l'impression aucun de ses ouvrages. *Il y a déjà
assez de livres*, répondait-il modestement à ceux qui s'étonnaient
de cette réserve. Ses manuscrits, recueillis soit par sa famille,
soit par l'Académie de Lyon à laquelle il en faisait souvent d'intéressantes lectures (1), sont, dit un écrivain célèbre, « un vrai

(1) Voici, d'après M. Torombert, l'énumération exacte des sujets des
Mémoires lus par M. Poivre, tant à l'Académie qu'à la Société d'agriculture
de Lyon :

Recette détaillée pour teindre le fil de coton en rouge d'Andrinople ;

Méthode observée par les Indiens malabars pour teindre le fil de coton en
rouge;

Manière de peindre les *chittes*, que nous appelons *perses*;

Sur le *mirobolan* ou *cadou*, dont se servent les Indiens pour leur teinture
et même pour la médecine;

Description du *mirobolanier* ou *cadou*;

Sur la méthode observée de tirer la soie blanche, par laquelle on donne
à nos soies l'éclat et la qualité des soies de Nankin;

Sur la soie (tiré d'un livre chinois);

Sur la culture du cotonnier, diversité du coton, coton blanc, coton fauve,
dont on fait les nankins;

Sur la culture du *poivrier* et du *mousoucou*, ou bois immortel;

Sur la culture de l'*arecquier*, et sa description;

trésor de pensées utiles, de sentimens élevés, de faits et d'observations de tout genre, fruits de ses voyages ou de ses méditations sur toutes les branches de connaissances qui intéressent l'économie sociale. » Les *Voyages d'un Philosophe*, publiés sous le nom de Poivre, mais à son insu, ne sont que le titre donné assez mal à propos, par la cupidité des libraires, à deux Mémoires lus à l'Académie de Lyon par ce célèbre voyageur, sur les mœurs et les arts des peuples de l'Afrique et de l'Asie. La dernière édition, imprimée en 1797, est précédée d'une notice sur la vie de Poivre, par M. Dupont de Nemours, qui avait épousé en 1795 sa courageuse et respectable veuve. Voici le portrait que ce spirituel académicien trace de celui qu'il appelait, avec autant de goût que de justesse, *un grand homme de bien :* « Poivre, dit-il, parlait avec beaucoup de facilité et de grace, mais toujours avec simplicité. Ayant vu et bien vu une prodigieuse multitude de choses et d'hommes, avec des connaissances très-étendues et une mémoire admirable, il n'avait jamais le ton affirmatif. Il était indulgent par nature et par réflexion, et pour les travers autant que pour les faiblesses de l'humanité. Il aimait la société des gens d'esprit, et supportait celle des sots. *On trouve*, disait-il, *à s'instruire avec tout le monde.* Les méchans même affligeaient plus qu'ils ne courrouçaient son cœur. Jamais aucun emportement n'a souillé ni dérangé la tranquille et paisible dignité qui le caractérisait. Un heureux mélange de raison

Sur la culture du cannelier et la préparation de la cannelle à l'île de Ceylan ; description de plusieurs sortes de cannelle ;

Sur le sel alcali naturel des Indes ;

Notice pour la peinture de la cérémonie du labourage en Chine ;

Sur les terres et les pierres ;

Sur les collections d'histoire naturelle qu'on peut se procurer dans un voyage aux colonies, à Java, etc.;

Noms des plantes apportées de la Cochinchine et manière de les cultiver ;

Nomenclature des plantes apportées par Poivre de Kanton à l'Ile-de-France;

Diverses notes sur la peinture à l'huile, la teinture des Égyptiens, la teinture en général, l'éducation des troupeaux et le croisement des races.

et de bonté lui avait donné un sang-froid inaltérable, et l'avait rendu supérieur aux passions. Très-peu d'hommes ont porté aussi loin que lui la philosophie pratique. » Poivre avait laissé trois filles dont l'une épousa, en 1792, M. Bureaux de Pusy(1), ancien membre de l'Assemblée constituante, et successivement Préfet de l'Allier, du Rhône et de Gênes, où son administration a laissé d'impérissables souvenirs (2). En 1818, l'Académie de Lyon mit au concours l'éloge de Poivre; le prix fut remporté par M. Torombert, avocat d'un mérite distingué, qu'une mort prématurée ravit quelques années plus tard aux lettres et à l'amitié. Vers la même époque, les habitans de l'île Bourbon acquittaient la dette sacrée de la reconnaissance en appelant du nom de Poivre un pont construit sur une des rivières de cette île, dont le passage avait coûté la vie à un grand nombre de malheureux. Plus récemment encore, le Conseil municipal de Lyon l'a donné à une des rues qui aboutissent au Jardin-des-Plantes de cette cité, bel établissement, dont le nom lui-même rappelle la nature de quelques-uns des services qui ont rendu la mémoire de Pierre Poivre également chère aux sciences et à l'humanité.

(1) Une autre fille de M. Poivre avait épousé M. Révérony-St-Cyr, officier supérieur du génie, auteur de plusieurs opéras-comiques estimés, et du joli roman de la *Princesse de Nevers*, etc. La troisième fille de M. Poivre était morte dans un âge peu avancé.

(2) Voyez son Éloge prononcé à la séance de l'Académie de Lyon, du 21 juillet 1807, par M. Guerre, beau-frère de M. Poivre.

NOTICE

SUR

M. DUPONT DE NEMOURS.

NOTICE SUR DUPONT DE NEMOURS [*].

DUPONT DE NEMOURS (Pierre-Samuel), membre de l'Assemblée constituante, du Conseil-d'Etat et de l'Institut, naquit à Paris, le 14 décembre 1739, d'une famille probe et considérée. Il montra de bonne heure ce désir d'apprendre et cette conception vive et pénétrante qui expliquent la diversité remarquable de ses connaissances et les succès qui lui étaient réservés dans presque toutes les branches de l'instruction humaine. Placé dès le plus bas âge dans une maison d'éducation, il y fit de brillantes études et soutint à douze ans un exercice public avec tant d'éclat, que ses camarades vinrent en députation lui offrir un panier de fruits, comme un témoignage naïf de la part qu'ils avaient prise à son triomphe. Dupont rappelait avec charme, dans un âge avancé, cette particularité de son enfance. « *Ce petit événement*, disait-il, *a influé sur le cours de ma vie entière.* » Au sortir du collège, son application parut s'accroître en raison de l'importance et de la multiplicité des études qui captivèrent ses efforts. Les sciences naturelles et philosophiques, la littérature, l'histoire et le droit public, eurent successivement part à ses méditations. On vit dès-lors aussi se développer en lui cet amour de la

[*] Cette Notice est destinée à l'une des plus prochaines livraisons de la *Biographie universelle.*

vérité et cette passion instinctive pour le bien qui formè-
rent les deux traits dominans de son caractère : double
sentiment que n'affaiblirent en lui ni les mécomptes de la
vie ni les glaces de l'âge, et auquel son nom et ses écrits
doivent cet intérêt vif et puissant qui les défendra long-
temps de l'oubli de la postérité. Il manquait à des penchans
si nobles une occasion de se manifester utilement. Cette
occasion ne tarda pas à leur être offerte. Une secte célèbre
s'appliquait avec constance, sous la direction du docteur
Quesnay, premier médecin du Roi, à rechercher les véri-
tables sources des richesses des nations, à accroître ces
richesses, et à rendre l'administration publique moins oné-
reuse au peuple. Malesherbes fécondait les travaux de
cette Société des inspirations de sa belle ame ; Turgot,
d'Argenson , l'abbé Baudeau, Gournay, tous hommes
distingués par leurs lumières, leur expérience et la pureté
de leurs intentions, figuraient à la tête de ses membres, si
connus sous le nom d'*Economistes*. Le commerce, l'agriculture, les impôts, la police générale des grains, étaient
les objets principaux de leurs études. L'idée dominante de
leur système était d'appeler d'utiles encouragemens sur
l'agriculture, qu'ils considéraient avec un grand ministre
comme la mère nourricière de l'état, et sur le commerce
et l'industrie, dont ils aspiraient à voir briser les entraves :
théorie simple en elle-même, mais féconde en applications,
et à laquelle on ne saurait du moins contester le mérite
d'avoir préparé cette importante science qui, sous le nom
d'*Economie politique*, analyse aujourd'hui les fondemens
de la puissance et de la prospérité des états, et compare la
nature et l'influence de leurs institutions publiques. Une
association aussi bien composée, aussi riche en avenir, ne
manquait d'aucun des attraits qui pouvaient agir sur l'imagination ardente et sur l'esprit naturellement systématique

du jeune Dupont. Il s'unit avec empressement aux travaux des économistes, et publia à Londres, en 1763, des *Réflexions sur l'écrit intitulé : Richesses de l'Etat.* Cet opuscule, où les principes de la Société étaient exposés avec beaucoup de talent, fit une grande sensation parmi ses membres ; ils s'empressèrent d'ouvrir leurs rangs à l'auteur, qui ne tarda pas à justifier ce choix par l'éclat et l'utilité de sa collaboration. Il rédigea plusieurs Mémoires particuliers d'un grand intérêt, et coopéra activement au *Journal d'Agriculture* et aux *Ephémérides du citoyen*, ouvrage en 63 volumes (1772 et suiv.), dont l'entreprise, commencée par l'abbé Baudeau et par le marquis de Mirabeau, fut, presque dès son origine, abandonnée en totalité à Dupont. Il publiait en même temps des Mémoires sur le commerce des grains, sur la grande et la petite culture, et secondait efficacement les intendans de Soissons et de Limoges, qui s'efforçaient d'introduire des améliorations dans leurs généralités. Sa réputation naissante fixa bientôt sur lui les regards du duc de Choiseul. Ce ministre essaya de se l'attacher par des offres brillantes ; mais il exigeait en même temps que le jeune économiste renonçât au patronage du docteur Quesnay, son maître et son ami. Blessé d'une telle exigence, Dupont n'hésita point à garder la position utile et indépendante qu'il occupait, et sacrifia sans balancer la fortune à l'amitié. Ce n'était pas seulement en France que les travaux de Dupont obtenaient d'illustres suffrages ; Gustave III, roi de Suède, voulut le connaître personnellement, et le comprit dans la première promotion des chevaliers de l'ordre de Wasa, qu'il venait d'instituer. Le margrave de Bade le choisit pour conseiller aulique de légation, et ce fut pour ce prince que Dupont rédigea son *Tableau raisonné des principes de l'économie politique* (1775). Stanislas Poniatowski·

roi de Pologne, le nomma secrétaire d'un conseil d'instruction publique et gouverneur du prince Adam Czartoriski, son neveu. C'est à son séjour à la cour de Pologne qu'on doit les *réflexions judicieuses* que Dupont communiqua à l'Institut, à l'occasion de l'histoire de ce royaume par Rulhières, document important à consulter pour bien connaître les événemens qui affligèrent alors cette malheureuse contrée. Des séductions toutes puissantes sur son cœur l'arrachèrent bientôt à cette honorable existence. Turgot, son confident et son ami, venait d'être appelé au contrôle-général des finances. Dupont quitta tout pour se réunir à lui; il coopéra aux travaux assidus de son ministère, l'aida dans la réforme des nombreux abus qu'il avait entrepris de détruire, partagea ses illusions et ses dégoûts, et le suivit dans sa disgrâce, lorsqu'une opposition puissante eut enfin réussi à ébranler la confiance qu'il avait d'abord inspirée au vertueux Louis XVI. Cette époque fut l'une des plus actives de la vie si pleine de Dupont. On lui doit deux ouvrages importans sur le ministère de Turgot. Le premier est l'histoire sous forme de mémoires qu'il en publia en 1782 (2 vol. in-6°); l'autre est un recueil complet des opérations, des projets et des écrits de ce ministre, qu'il fit paraître en 9 vol. in-8°, de 1808 à 1811. Lors de la disgrâce de Turgot, Dupont, exilé par un ordre verbal de Maurepas, s'était retiré dans une terre qu'il possédait en Gatinais, et y avait fait avec un succès marqué l'essai de quelques procédés agricoles. C'est à lui que cette contrée est redevable de la culture des prairies artificielles. « Il est doux de penser, disait-il à cette occasion, que dans « plusieurs siècles, des gens qui n'auront aucune idée de « nous ni de nos occupations, goûteront de plus douces « jouissances, parce que nous n'aurons pas négligé un « travail qui est aujourd'hui à notre portée. » Son exil fut

de courte durée ; M. de Vergennes, ministre des affaires
étrangères, le chargea de régler, de concert avec le docteur Hutton , agent confidentiel de la Grande-Bretagne,
les bases du traité de reconnaissance des Etats-Unis, et de
préparer le traité de commerce avec l'agent de l'Angleterre
qui était alors à Paris. Dupont fit imprimer en 1788, sous
le titre de *Lettre à la Chambre de commerce de Normandie*,
l'exposition complète des circonstances qui se rattachent
à cette importante négociation. MM. de Calonne et d'Or-
messon le chargèrent aussi de plusieurs travaux essen-
tiels, en récompense desquels il reçut le brevet de Conseiller d'Etat. Il fut nommé commissaire général du commerce et organisa le bureau de la balance du commerce,
établissement utile qui réclama souvent ses soins.

Lors de la réunion des notables, Dupont fut l'un des
deux secrétaires généraux de ces assemblées dont les pro-
cès-verbaux ont été cités comme des modèles de rédaction.
En 1789, le tiers-état du bailliage de Nemours l'élut à la
presqu'unanimité député aux Etats-généraux. Nul n'apporta
un esprit plus sage ni des vues plus pures dans cette assemblée célèbre à tant de titres. Il vota pour l'établissement de
deux chambres, et pour le *veto* suspensif ; s'opposa vive-
ment à ce que l'assemblée intervînt dans la police de l'Etat,
et combattit avec l'abbé Maury le projet du comité de cons-
titution qui *invitait* le Roi à prendre le commandement
des troupes convoquées à la fédération du 14 juillet 1790,
en rappelant que ce commandement était un privilége
inhérent à la royauté. Il fit supprimer la gabelle, lutta
sans succès contre la création des assignats, et prédit avec
une sincérité qui faillit lui coûter la vie, les conséquences
attachées à cette émission désastreuse. Fidèle à ses principes, dans un rapport sur la disette des grains, il s'était
déclaré pour la liberté absolue de cette branche de com-

merce. Dans la discussion sur les colonies, il défendit les gens de couleur, et demanda qu'on ne reconnût que deux états, la liberté et l'esclavage. Dupont présida deux fois l'Assemblée nationale et y remplit plusieurs fois les fonctions de secrétaire. La dispersion des membres de cette assemblée n'enchaîna point sa prodigieuse activité. Il prit une imprimerie à son compte, et ne cessa de combattre, dans un journal dont il se fit l'éditeur, les doctrines anarchiques et subversives qui envahissaient rapidement toutes les parties du corps social. L'énergie avec laquelle il se prononça contre les événemens du 20 juin 1792 attira sur sa tête de nouvelles persécutions. Au 10 août, Dupont se rendit au château des Tuileries avec son fils, pour défendre le Roi au péril de sa vie ; il accompagna l'infortuné monarque à l'Assemblée législative. Ce fut dans ce trajet que Louis XVI lui adressa ces paroles mémorables : « M. Dupont, on vous trouve toujours où l'on a besoin de vous. » L'amitié courageuse de M. Harmand, depuis employé supérieur des finances, sauva Dupont des premières proscriptions révolutionnaires. Il réussit à le faire cacher dans l'observatoire du collége Mazarin, où deux misérables chaises composaient tout son mobilier; où, malgré l'ingénieuse sollicitude de son bienfaiteur, il manquait quelquefois de pain et presque toujours d'eau. Pressé lui-même de rejoindre l'armée, M. Harmand fit part au savant Lalande de l'horrible situation à laquelle son absence allait livrer le philosophe proscrit. Il émut sans peine en sa faveur la compassion du célèbre astronome. Lalande accepta avec empressement la mission de pourvoir à la subsistance du prisonnier ; mais son dévoûment fut inutile. Dupont parvint à se réfugier dans sa terre aux environs de Nemours, où il demeura long-temps à l'abri des recherches. Cette période si pleine d'angoisses et de dangers ne fut point perdue pour les lettres et la philosophie. C'est au fond du réduit de l'observatoire Mazarin que Dupont, frappé d'un mandat d'arrêt qui devait l'envoyer mourir à la Force, avait composé son *Oromasis*, petit poème en prose où l'auteur, sans adopter aveuglément l'optimisme de Pope, oppose une morale plus consolante et plus élevée au pessimisme railleur de *Candide*. Ce fut au fond d'une retraite presque aussi incommode et non moins périlleuse, qu'il écrivit sa *Philosophie de l'Univers* (1796 et 1797, in-8°), ouvrage où l'on a justement relevé quelques écarts d'imagination, mais dans lequel on ne saurait trop louer une morale aimable et pure, une sensibilité profonde, des observations ingénieuses, un style original et attachant. Le morceau dans lequel l'auteur s'élève avec force contre le suicide, seul crime, dit-il, qui ne laisse aucune possibilité de retour à la vertu, ce morceau, rapproché de la situation presque désespérée où Dupont se trouvait alors, a fourni à ses biographes le texte d'un juste hommage à la bienveillance et à la fermeté de son caractère. « Même dans ce mo- « ment incompréhensible, dit l'auteur, où la morale, la « prudence, les lumières, le courage, les grands services « publics, l'amour énergique de la patrie, ne rendent la « mort, au sortir des guichets et sur l'échafaud, que plus « inévitable ; où il semblerait permis de choisir entre les « manières de quitter une vie qu'on ne peut plus conser- « ver, et d'enlever aux tigres à face humaine l'exécrable « plaisir de vous promener les mains liées derrière le dos « et de boire votre sang ; oui, sur la charrette fatale même, « et n'ayant de libre que la voix, je puis encore crier *gare* « à un enfant qui serait trop près de la roue ; il pourra me « devoir la vie, son père et sa mère la consolation de leurs « vieux ans ; peut-être la patrie lui devra son salut, le « genre humain sa félicité. » Peu de jours après celui où

Dupont traçait ces belles lignes, il fut arrêté et traduit à la Force. La chute de Robespierre termina sa captivité et lui sauva la vie. Le retour passager du calme le ramena bientôt sur la scène politique. Il fut nommé par le département du Loiret député au Conseil des Anciens, et s'y fit remarquer par plusieurs discours importans et par des rapports sur divers objets d'administration publique. Il y défendit les pères et mères des émigrés, et contribua à faire rejeter la loi qui eût achevé de les dépouiller. Cette conduite le rendit de nouveau suspect aux terroristes ; il fut compris avec plusieurs de ses collègues sur la liste de déportation dressée le 18 fructidor, et il eût infailliblement expié dans les déserts de Sinnamari sa généreuse audace, sans le crédit et l'influence d'un de ses collègues au Corps législatif et son confrère à l'Institut, Chénier, qui réussit à le faire passer pour octogénaire, quoiqu'il eût à peine soixante ans. Il fut néanmoins arrêté, ses presses furent brisées, et son imprimerie, riche surtout en caractères orientaux, complètement dévastée. Dupont n'osa braver plus long-temps l'animosité à laquelle il était en butte, et se retira aux Etats-Unis avec les deux fils qu'il avait eus d'un premier mariage. Il y fut accueilli avec tous les égards dus à son caractère, à ses talens, et au service important qu'il avait rendu à cette république, en prenant part, en 1782, aux traités qui avaient consacré son indépendance. Il se fixa dans le Jersey, près de New-Yorck, se voua activement à l'agriculture, et prépara les moyens d'établir une colonie pour y recevoir ses amis persécutés, projet que les circonstances ne lui permirent pas de réaliser. Il traça un plan d'éducation nationale sur la demande de Jefferson, vice-président de la république (Philadelphie, 1800 ; une seconde édition fut publiée à Paris, 1812, in-8°), et communiqua à l'Institut de France une foule de mémoires sur l'économie publique et sur divers points d'histoire naturelle, de physique et de géographie. Dupont, qui avait fui sa patrie livrée aux orages révolutionnaires, tourna ses regards vers elle aussitôt qu'une main ferme y eut rétabli l'ordre et comprimé l'anarchie. Il revint à Paris dans le courant de 1802, fut nommé secrétaire, puis président de la chambre de commerce, et reprit dans la classe des inscriptions et belles-lettres de l'Institut, la place à laquelle il avait été appelé à l'époque de la réorganisation de ce corps. Sa vie ne cessa presque plus dès-lors d'appartenir aux sciences et à la philanthropie. Pénétré de l'opinion que Dieu, en donnant à tous les êtres animés la vie et les sensations, en a fait participer un assez grand nombre à l'intelligence, à la liberté et à la moralité qui suppose le raisonnement, il entreprit d'étudier ce qu'il appelait *les sciences, les institutions sociales, le langage des animaux.* Dans cette intention, il passait des jours entiers caché dans un réduit où il se tenait bien immobile, l'œil au guet, l'oreille attentive, osant à peine respirer, pour observer les diverses espèces qu'il pouvait approcher, et dérober au corbeau le dictionnaire de sa langue composée de vingt-cinq mots; à notre araignée d'Europe, la liste des monosyllabes expressifs qui servent à ses dialogues; aux fourmis, des notions précises sur l'intelligence, les sciences qu'elles cultivent, les institutions politiques qui gouvernent leurs sociétés; au loup, dont il ne faut pas juger, dit-il, sur la foi des bergères, les preuves de sa sociabilité et de ses notions sur l'exécution fidèle des contrats qu'il passe avec ses pareils. Les résultats de ces études, déjà ébauchées lorsqu'il écrivait la *Philosophie de l'Univers,* furent consignés dans une série de Mémoires qu'il lut à l'Institut, opuscules dans lesquels Dupont se montre souvent la dupe d'une imagination brillante et féconde, et qui fournirent aux critiques le texte de plaisanteries piquantes, mais où l'auteur enchaîne avec beaucoup d'art et de séduction les divers élémens de son système, et ne cesse d'intéresser alors même qu'il ne parvient point à séduire. Dupont mêlait des travaux plus solides et d'un intérêt plus positif à ces délassemens ingénieux ; des mémoires sur la liberté morale, sur le courage, sur les institutions religieuses, et sur une foule d'objets d'économie publique, attestaient la profondeur de ses méditations. Des dissertations littéraires pleines de goût, des notices biographiques sur plusieurs savans et hommes de lettres, tels que Quesnay, Thouret, Gibert, Lalande, Gudin, etc., remplissaient les loisirs d'une vie qui, privée de l'aliment des fonctions publiques, ne pouvait se résigner à demeurer inutile à la patrie.

D'autres travaux recommandent encore le nom de Dupont à l'attention et à la reconnaissance de la postérité. Le premier, dès l'an 1786, il avait démontré avec une logique entraînante l'avantage des secours à domicile sur ceux donnés dans les hôpitaux, et doit être, à ce titre, considéré comme le véritable fondateur de nos dispensaires. La société philanthropique, dont il était un collaborateur aussi actif qu'éclairé, fut redevable à ses efforts d'immenses perfectionnemens. Ce fut du sein de ces paisibles et utiles occupations qu'il assista en 1814 à la destruction du régime impérial, pour lequel, son ame sincèrement attachée à la liberté, déguisait mal son peu de sympathie. Il accepta la place de secrétaire du gouvernement provisoire qui prépara la restauration ; et malgré son âge avancé, il en remplit les fonctions avec un zèle qu'entretenait l'espoir de contribuer à assurer enfin un sort heureux et tranquille à son pays. Le 29 juin 1814, Louis XVIII le nomma conseiller d'état, puis chevalier de la Légion-d'Honneur. Les événemens de mars 1815 survinrent ; Dupont crut sa tranquillité menacée par le pouvoir éphémère qui ressaisit les rênes de l'État, et se rembarqua pour l'Amérique où il se réunit à ses deux fils dans la Delaware. Ses infirmités, qui croissaient avec l'âge, ne l'empêchèrent point de reprendre sur cette terre étrangère le cours de ses laborieuses occupations, et de recueillir pour les envoyer en France, des observations précieuses sur les institutions, les mœurs et les procédés agricoles des États-Unis. Bientôt les atteintes de la goutte qu'il ressentait depuis long-temps devinrent plus vives. Une chute qu'il fit au mois de décembre 1816 dans une rivière où il tomba tout habillé, en accrut encore l'intensité ; et cette affection douloureuse, déplacée par les remèdes qu'il employa pour la guérir, s'étant portée sur les entrailles, l'enleva le 6 août 1817, à sa famille, à ses amis et à l'humanité qu'il honorait par la constance et la pureté de son dévoûment. Son courage et sa sérénité ne s'étaient pas démentis un instant durant ses longues souffrances ; il employait ses heures d'insomnie à continuer une traduction en vers de l'Arioste, fruit de ses trois exils, et dont il n'a publié que les trois premiers chants (Paris, juin 1812).

Dupont a été en général favorablement jugé par ses contemporains. Nul homme en effet ne sut mieux désarmer la critique par la franchise avec laquelle il exposait ses systèmes, et se faire pardonner sa supériorité ou les aberrations de son esprit par la candeur et la simplicité de son ame. C'est à cette simplicité en quelque sorte native que Turgot faisait sans doute allusion, lorsqu'il disait agréablement de lui, *qu'il ne serait toute sa vie qu'un jeune homme d'une brillante espérance.* Dans les mémoires publiés récemment par un spirituel académicien (M. Arnault), on lit que Dupont *mourut âgé, mais non pas vieux.* Il est certain, en

effet, qu'il conserva jusqu'à sa mort la fraîcheur de son imagination et la vivacité piquante de son esprit. Parmi les portraits qui ont été tracés de son caractère, nous citerons celui que M. Lacretelle a consigné dans son histoire du Directoire. « Aimable, enjoué, dit-il, éminemment cou-
« rageux, plein d'honneur, né pour le travail, susceptible
» de beaucoup d'illusions et sur les hommes et sur les évé-
« nemens, enclin à l'esprit systématique, il croyait tou-
« jours marcher vers un âge d'or que la raison enfanterait;
« mais l'injustice et le crime le rendaient bouillant d'indi-
« gnation. Il paya sans doute tribut à l'erreur ; mais je n'ai
« pas connu d'homme plus porté à sacrifier soit au bien
« public, soit à l'amitié, les intérêts de sa fortune et ceux
« même de sa gloire. » Dans une notice que M. le baron Degérando a consacré à la mémoire de Dupont, on trouve ce bel éloge de ses qualités privées : « Chéri dans la société
« où il portait le charme d'un entretien toujours piquant
« et aimable, expansif et original, se plaisant au milieu
« des enfans, dévoué aux affections d'une famille dont il
« était le modèle, le bonheur et l'appui ; il était partout,
« partout essentiellement où il y avait du bien à faire, il y
« était infatigable et serein tout ensemble, se faisant un
« devoir de ce qui n'est que du zèle aux yeux du commun
« des hommes..... » Un petit nombre de pensées emprun-
tées à Dupont lui-même, pourront faire apprécier la grâce et l'originalité de son esprit. Il disait « qu'il faut toujours
« jouer avec les cartes qu'on a ; » que « la paresse n'est pas
« un vice, mais une rouille qui détruit toutes les vertus ; »
que « contre la justice et la raison, l'esprit n'a que des
« armes de verre. » Il représentait le commerce sous la forme de Lazare et lui appliquait ces paroles : *Otez-lui ses liens et laissez-le aller*. Il définissait l'espérance « une capi-
« taliste opulente et généreuse qui prête au malheur pré-

« sent sur le bonheur à venir, et si noblement et avec tant
« de grâce, que l'on croit malgré soi l'hypothèque bonne. »
Il appelait la douleur « cette laide mais bonne amie, tant
« calomniée et si utile ; cette védette fidèle de la vie, qui
« sonne l'alarme à tout péril et appelle l'esprit au secours
« du corps. » La physionomie de Dupont, vive image de
son ame, se distinguait par un caractère de bienveillance
spirituelle dont le charme était irrésistible. Sa philosophie
tout entière était dans sa devise : *Aimer et connaître :* le
premier de ces mots exprimait le penchant de son cœur ;
l'autre, le besoin de son esprit. Il eut pour amis quelques-
uns des hommes les plus illustres de son siècle, Turgot,
Malesherbes, Lavoisier, Trudaine, Franklin, Laroche-
foucault, etc., et reçut de Voltaire plusieurs lettres flat-
teuses et honorables. Dupont avait épousé en secondes
noces, en 1795, la digne et respectable veuve du célèbre
Poivre, qui a honoré sa mémoire par l'étendue de ses regrets, comme elle avait embelli sa vie par les agrémens
de son esprit et le charme de ses vertus. Indépendamment
des ouvrages de Dupont mentionnés dans cette Notice, on
lui doit une foule d'opuscules dont les principaux sont :
1° *Du commerce et de la Compagnie des Indes,* 1769, in-8° ;
2° *Notice sur la vie de M. Poivre* (Philadelphie et Paris,
1780, in-8°) ; 3° *Considérations sur la position politique
de l'Angleterre, de la France et de l'Espagne,* 1790, in-8° ;
4° *Le Pacte de famille et les conventions subséquentes entre
la France et l'Espagne,* 1790, in-8° ; 5° *Rapport sur le droit
de marque des cuirs,* Paris, an xii, in-8° ; 6° *Sur la Banque
de France, les causes de la crise qu'elle a éprouvée, les tristes effets qui en sont résultés, et les moyens d'en prévenir le
retour,* Paris, 1806, in-8°, avec cette épigraphe : *Noli me
tangere ;* ouvrage dont la circulation fut promptement in-
terdite par le gouvernement. Les plans financiers de Du-

pont, développés dans plusieurs discours et opuscules, ont été consultés avec fruit pour l'organisation actuelle du Trésor royal; 7° *Sur l'Instinct*, mémoire à l'Institut, Paris, 1806, in-8°; 8° *Irenée bon fils*, 1808, in-8°; 9° une foule d'articles insérés dans le *Journal d'agriculture*, les *Nouvelles politiques*, le *Publiciste*, la *Revue philosophique*, les *Archives littéraires*, l'*Historien*, le *Mercure*, la *Bibliothèque française*, etc., dont la plupart ont été réunis sous ce titre: *Opuscules morales et philosophiques retirées de différens Journaux*, Paris, an XIII, in-8°, rare. MM. Sylvestre, Deleuze, Degérando et Dacier, ont communiqué en 1818 et en 1820, aux différentes sociétés dont Dupont de Nemours était membre, d'intéressantes notices sur la vie et les écrits de cet ingénieux et savant publiciste.

LA
MISSION DES LETTRES

DANS

LES TEMPS DE TROUBLES,

DISCOURS

DE RÉCEPTION

A L'ACADÉMIE ROYALE DES SCIENCES,

BELLES-LETTRES ET ARTS

de Lyon.

(Séance publique du 30 août 1832.)

DISCOURS

DE RÉCEPTION

A L'ACADÉMIE ROYALE DES SCIENCES,

BELLES-LETTRES ET ARTS

de Lyon.

> « Il y a quelque chose de plus noble et d'aussi vrai
> à ne pas désespérer des hommes ni des nations, à leur
> tracer une route pour la vertu et le bonheur, à leur
> donner une impulsion franche et entière, et à écarter
> cette coupable indifférence qui ne peut rien produire
> que de mauvais. »
>
> M. DE BARANTE, *De la Littér. française au 18ᵉ siècle.*

MESSIEURS,

La distinction flatteuse et si justement enviée que
je viens recueillir aujourd'hui, a été pour moi une
faveur d'autant plus chère que j'en connaissais mieux
le prix. Une heureuse expérience m'avait déjà révélé
tout ce qu'on peut gagner à s'asseoir parmi vous,

Inscrit il y a bientôt trois ans au nombre de vos correspondans, et, par un honorable privilége, admis depuis quelque temps à l'avantage d'assister à vos séances, de prendre part à vos travaux, ce n'est pas seulement sur la foi de votre renommée, c'est sur le témoignage de mes propres souvenirs, que je pourrais rappeler les titres qui recommandent à la mémoire publique une compagnie également distinguée par le savoir profond et varié de ses membres, par la sagesse de son esprit, par l'éclat et l'utilité de ses services. Mais je dois craindre de blesser cette modestie, compagne du vrai mérite, par un hommage dont la fidélité, en quelque sorte historique, s'excuserait mal peut-être sur ce vague esprit de convenance qui tempère la vivacité des éloges qu'il produit. Je vous appartiens trop, Messieurs, pour vous louer dignement; et, sacrifiant à cette considération quelques accens d'une reconnaissance dont la sincérité ne vous est point suspecte, je cède à l'observation d'un plus noble usage, en vous soumettant quelques idées analogues au caractère de la solennité qui nous rassemble ici.

Les lettres, Messieurs, cette providence des esprits méditatifs, ces bienfaisantes compagnes avec lesquelles toute solitude est douce, toute destinée tolérable, ces pieuses consolatrices de l'homme qu'assiègent les splendeurs du monde et de l'homme qui souffre, et dans le culte desquelles se réfugient tant d'illusions déçues, tant d'infortunes imméritées, les lettres, ce fondement précieux de toute civilisation, ne manifestent jamais mieux la douceur de leur influence que dans ces jours de trouble et d'anarchie où les sentimens de justice et d'humanité sont comme suspendus par le choc des passions déchaînées; où l'homme est suspect à l'homme; où le corps social, tourmenté par une effroyable licence, semble à la veille de subir cette inévitable loi de dissolution qui menace incessamment les sociétés humaines. Le sage que préoccupe amèrement cet affligeant spectacle, y rencontre une distraction précieuse aux émotions dont il est assiégé. Quelle puissante diversion n'offrent-elles pas à l'ami des études historiques contre les appréhensions pénibles qui agitent sa pensée! Lequel de nous, enfin, l'esprit ému des calamités diverses qui se sont succédées sur notre patrie, ne s'est pas surpris à vivre, pour ainsi dire, quelquefois de la vie de l'histoire, et à chercher en ces annales antiques de la destinée des peuples, des jours plus heureux, des exemples meilleurs que les jours et les exemples contemporains! « Quand on est fatigué de vivre au milieu des Ti- « gellin et des Narcisse, dit un écrivain moderne, « on se transporte dans la société des Caton et des « Fabricius (1). » Les livres, ces monumens des plus nobles sentimens de tous les âges, relèvent l'ame flétrie du spectacle de tant d'injustices, et, par un prestige qui trahit assez l'origine de ce présent cé-

(1) Châteaubriand, *Génie du Christianisme.*

leste, le langage pénétrant de la morale et de la connaissance intime du cœur humain que nous parlent leurs pages, semble s'adresser personnellement à tous ceux qu'il console.

C'est ainsi, Messieurs, que l'orateur romain aimait à se dérober, dans sa retraite de Tusculum, au tableau des déchiremens et des rigueurs de son ingrate patrie. Tels, encore, parmi nous, deux chanceliers illustres, Lhopital et d'Aguesseau, s'efforçaient d'oublier dans le commerce des muses, l'un, le spectacle des calamités sanglantes que les exhortations de sa vertu n'avaient pu détourner ; l'autre, les injustices d'un pouvoir trop corrompu pour ne pas redouter sa courageuse indépendance. « Abandonné de tous mes appuis, » écrivait Lhopital, dans cette langue d'Horace qui lui était familière, « je « me suis éloigné en gémissant sur le sort cruel de « mon pays ; maintenant j'ai d'autres soins : mes « études, long-temps interrompues et soutien de « ma vieillesse, mes petits enfans, gages précieux « pour moi. Je soigne aussi les richesses de mon « champ, que la vie laborieuse de la cour me faisait jadis négliger, et qui me semble maintenant « un royaume, si toutefois il y a aujourd'hui pour « les citoyens quelque possession durable et sûre..... « J'espère aussi, puisque la sagesse humaine ne « peut plus rien, qu'il descendra quelqu'un du ciel « pour comprimer tant de maux d'une main forte, « et pour sauver nos débris (1). »

(1) Mich. Hospitalii epistol., Lib. VII.

C'est bien là, Messieurs, le mouvement d'une ame pure, inclinée à chercher dans l'étude et la méditation un noble soulagement à des malheurs qu'elle n'a point à s'imputer, mais qu'elle s'approprie, pour ainsi dire, parce qu'ils sont ceux de la patrie. Ce vertueux citoyen n'avait rien négligé pour prévenir les horreurs prêtes à fondre sur elle. Une disgrace imméritée avait été le prix de ses généreux soins ; fort de sa conscience, et enveloppé en quelque sorte dans sa propre vertu, il exhalait en ces termes le sentiment de son impuissance et de ses regrets.

Telle est la marche de la nature humaine, perfectionnée par les lumières d'une véritable philosophie ; telles sont les impressions que l'on rapporte de la culture des lettres, lesquelles se montrent rarement ingrates au sentiment qui nous porte à les rechercher.

Car, on ne saurait s'y tromper, Messieurs, point de littérature sans morale ; point de réflexion, point de situation touchante qui ne soit fondée sur un principe de religion ou de vertu. « L'opinion, dit « une femme célèbre, l'opinion, si vacillante sur « les événemens réels de la vie, prend un caractère de fixité quand on lui présente à juger des « tableaux d'imagination (1). » Platon, Tacite et Plutarque étaient moralistes avant d'être écrivains,

(1) Madame de Staël, *de la Littérature considérée dans ses rapports avec les institutions sociales*, Disc. préliminaire.

et l'amour de la vertu n'a pas eu moins de part que les ressources de leur génie aux brillantes et judicieuses compositions qu'ils nous ont laissées. *Si Démosthène et Cicéron ont été de grands orateurs, c'est qu'avant tout ils étaient religieux* (1). Le premier, dans sa jeunesse, fut un des disciples les plus assidus de Platon, et Cicéron n'hésitait point à confesser que ce n'était pas dans l'atelier des rhéteurs qu'il avait puisé son talent oratoire, mais dans ses entretiens avec les philosophes de l'Académie (2). Cette condition imposée au talent est tellement absolue, tellement indéclinable, que nous avons vu maintes fois le génie lui-même se courber devant elle, et, par un involontaire mais rigoureux hommage, se faire religieux pour séduire et pour intéresser. Rebelles aux efforts de cette philosophie sèche et stérile qui laisse l'ame sans espérance, les sources du pathétique ne coulent que sous la main qui obéit à des inspirations prises de plus haut. De là, cette pureté d'impressions, cette solidité de jouissances, qui accompagne toujours les délassemens littéraires, et qui rend l'ame incessamment avide des paisibles émotions qu'ils lui ont procurées.

Toutefois, Messieurs, ce serait mal comprendre l'importance des lettres que de les réduire, dans les

(1) Génie du Christianisme, 3ᵉ part., liv. 4ᵉ.
(2) Tacit. *Dialog. de orator.* XXXII. — Cic. *orat.*

temps difficiles, à la mission qui vient de leur être attribuée. Lorsque la Providence a posé, pour ainsi dire, un principe d'activité si noble à la tête de chacune des professions de la société, l'auguste profession de l'homme de lettres serait-elle circonscrite à l'emploi délicat sans doute, mais passif, mais stérile, de charmer les loisirs de l'homme du monde ou de consoler de hautes infortunes? Osons-le dire, Messieurs, un ministère plus utile, un privilége plus glorieux lui est réservé par l'excellence même de sa nature, par les enseignemens et les exemples de l'histoire. Loin d'affaiblir pour lui cette obligation sainte qu'il a contractée de vouer sa vie entière à la recherche, à la propagation de la vérité, au culte de la justice et de la raison, à la défense de tous les intérêts légitimes, c'est le propre de ces circonstances orageuses qui, de temps à autre, dérobent aux sociétés le flambeau de la civilisation, de rendre cette obligation plus impérieuse encore; et ces jours si funestes à la moralité humaine, ces jours marqués par le naufrage de tant de sentimens honnêtes, peuvent devenir pour l'homme de lettres le principe d'une gloire pure, la source d'une honorable et solide renommée.

En développant ma pensée, n'encouré-je point, Messieurs, le reproche de m'appuyer sur un paradoxe? Est-il, me dira-t-on, une vérité plus rebattue que celle qui proclame l'incompatibilité du règne pacifique des lettres avec le tumulte des révolutions? N'oublié-je point que la liberté, cette liberté calme et réglée qui redoute également la main pressante du despotisme et les excès orageux de la licence, est la vie même des lettres? La Fable, si vraie, si ingénieuse dans ses allégories, n'a-t-elle pas fait des beaux-arts de timides enfans de la concorde? Les accens passionnés des factions glacent les inspirations du génie, et l'anarchie des esprits protége mal le commerce des muses.

Une distinction simple, mais essentielle, mais féconde en applications, et dans laquelle se réfléchit fidèlement le caractère si progressif de notre siècle, m'absoudra, MESSIEURS, du reproche d'avoir cessé de rendre hommage aux vérités presque triviales que je viens de rappeler.

Il est deux littératures également chères aux esprits délicats, aux ames élevées, dont la marche, plus ou moins modifiée par l'état de la civilisation, n'est pas toujours parallèle; l'une, stable, méthodique, étrangère par sa nature, je ne dirai pas au goût, mais au caractère politique de son époque, moins adonnée à pénétrer l'esprit d'enseignemens sérieux et utiles, qu'à séduire l'oreille, à remuer le cœur, littérature douce, vague, délassante, sublime peut-être, mais insuffisante à l'ame que préoccupent des intérêts ou des appréhensions si graves; l'autre, docile aux oscillations et aux nécessités de la politique, et, comme elle, austère, mobile, positive, féconde en instructions, historique par excellence, historique jusque dans ses fictions, expression sincère et palpable de la société, et parfois outrée comme elle, littérature dont la presse périodique offre de nos jours une imparfaite, j'ai presque dit une infidèle image, et qui, sous la plume de l'écrivain probe, vraiment pénétré de l'utilité, de la dignité de sa mission, peut, en cherchant avec constance, en exprimant avec autorité, en développant avec talent quelques-unes de ces vérités capitales qui font le sort du monde, raffermir la société ébranlée, et faire tourner au bonheur public cette agitation inquiète qui dévore les esprits.

C'est ici, Messieurs, le lieu de remarquer cette admirable fécondité de l'art d'écrire qui ne refuse son emploi à aucune des positions de la vie sociale, qui se prête sans effort à toutes les situations qui comportent un sentiment élevé, une pensée utile, bienfaisant Protée qui revêt toutes les formes pour intéresser et pour instruire, et dont l'origine est tellement pure qu'il n'obtient de succès durables qu'à la condition de faire entendre ce langage noble et moral qui fortifie l'ame au lieu de l'affaiblir, et qui charme l'esprit sans corrompre le cœur. Heureux, Messieurs, l'homme de lettres qui sait dignement apprécier une si belle destination ! Plus heureux celui auquel son génie, joint à un courage inaltérable, à une raison droite, à une vertu constante, permet de la réaliser dans ces conjonctures difficiles où la vertu semble être un privilége rare, la raison, une anomalie louable, et le courage de la vérité, l'apanage du petit nombre !

Sa gloire, toujours pure, emprunte un nouvel

éclat aux circonstances orageuses dans lesquelles elle se produit. Mais cet éclat, que poursuit pour lui-même l'écrivain vulgaire, n'est pour l'écrivain sage qu'une garantie de plus de la propagation des vérités qu'il s'applique à répandre ; il est un moyen et non un but. L'utilité, la sainteté de sa tâche suffit à son ambition. Que lui importe que son nom aille à la postérité frappé d'un peu de renommée ! Ce n'est pas pour elle qu'il vit et qu'il écrit, c'est pour son siècle, qu'il aspire à éclairer, pour ses contemporains, qu'il s'applique à rendre meilleurs. Jeté sur ce sol orageux au milieu du tumulte des partis, des cris des factions, il sonde, il pénètre la profondeur des plaies qui sillonnent le corps social ; son jugement en est alarmé, mais son ame n'en est point émue. Courageux par sa conscience, indépendant par l'élévation de son caractère et la simplicité de ses mœurs, il accepte sans hésitation, mais non sans défiance, la mission sublime imposée au génie sur la terre. Il entreprend du moins de jeter le poids de sa probité dans la balance des erreurs et des infirmités humaines. A ceux que dévore le besoin du désordre et de la licence, il peint le bonheur inséparable d'institutions fixes et régulières ; à la puissance si respectable des souvenirs, il oppose les émotions pures du patriotisme, les lois impérieuses du devoir et de la nécessité. Sa parole, quelquefois énergique et pressante, est toujours grave et mesurée. L'autorité de sa mission se reproduit en quelque sorte dans la dignité de son style. Il n'a point

d'expressions offensantes pour cette majesté de l'in-
fortune et de la faiblesse qui sollicita de tout temps
la vénération et les égards des ames élevées et sensibles, point de sarcasmes amers pour cette religion
du dévoûment, pour ce culte du malheur, source
féconde et pure de tant d'actions généreuses. Loin
d'enflammer les passions par la vivacité, par la vé-
hémence de ses accens, il s'applique au contraire à
leur imposer par la modération de son langage ; ou,
s'il fait un appel aux passions, c'est à celles du moins
que la morale avoue et qui servent en quelque sorte
de véhicule à la vertu, la pitié, la clémence, l'a-
mour de la patrie. Homme qu'il est, l'humanité tout
entière respire en ses écrits. Que si parfois le spectacle des calamités qui se pressent autour de lui,
glace son ame et décourage sa plume, cette impression ne saurait être durable. Il se rappelle que tout
état vicieux est passager sur la terre, et que c'est au
flambeau de la vérité, au jour de la raison que se
raniment les institutions humaines. Cette pensée
relève son courage ; il reprend foi en sa mission,
en son génie. Son œuvre accomplie, il en attend
l'effet dans une sécurité modeste, heureux, à son
dernier jour, de léguer à l'humanité une pensée
utile, à son pays un monument de bienveillance et
de paix, et d'avoir agrandi cette voie de courage et
d'indépendance où quelque régénérateur d'une société corrompue et vieillie est appelé peut-être un
jour à le suivre !

J'ai parlé du courage nécessaire à l'écrivain politique. Je n'entends point par là cette bravoure aventureuse, amie des périls, qui méprise les fers et qui
défie l'échafaud : genre d'intrépidité que la mansué-
tude de nos mœurs rendra de plus en plus rare ,
vertu presque vulgaire des temps difficiles. Le courage dont il s'agit ici est celui qui consiste à immo-
ler toute considération privée, tout intérêt de parti
à l'intérêt suprême de la justice et de la vérité; ce
courage , c'est cette impartialité politique si rare de
nos jours, cette bonne foi dans les jugemens qui
harmonie, pour ainsi dire, l'homme à lui-même,
et qui, en établissant son autorité sur les esprits ,
rend l'écrivain éclairé qui la professe avec constance, merveilleusement propre au succès de la mission de paix et de conciliation qu'il s'est donnée.

Ce qui perpétue en effet , parmi nous , l'existence
des partis politiques, c'est moins encore leur intolérance que l'intégrité systématique des idées et des
opinions qu'ils représentent. Car l'intolérance, sai-
nement entendue , a quelque chose de respectable
en soi : elle est un des attributs de la conviction humaine. Tel n'est point ce sentiment indocile et des-
potique qui aspire à enchaîner sous un joug insur-
montable les croyances et jusqu'aux faits eux-mêmes, sentiment exclusif, qui réprouve le doute à
l'égal de l'erreur, et qui, en dépouillant l'intelligence de cette impartialité si nécessaire à son développement, est sans contredit l'ennemi le plus redoutable de la justice et de la vérité.

La partialité dans le jugement des faits et des hommes est, à mon avis, le caractère le plus saillant de l'esprit de parti moderne; elle est le type infaillible de l'exagération politique, et l'uniformité avec laquelle elle se répète parmi ceux qu'elle subjugue est telle qu'on pourrait conclure avec certitude la manière d'envisager tel événement politique, de la nuance d'opinion à laquelle appartient l'appréciateur. Cette disposition s'exerce avec un despotisme qui ne tient compte ni de l'indépendance ni de l'*entêtement* des faits ; leur inexistence ou leur réalité sont comme des articles de foi absolus qu'on ne saurait méconnaître sans encourir les suspicions de ses amis politiques, et l'histoire elle-même est contrainte quelquefois d'incliner son imposante magistrature devant ces exigences étroites de l'esprit de faction.

Si des choses nous passons aux hommes, nous voyons une partialité au moins égale éclater dans l'examen de leurs intentions et de leurs œuvres. Indulgens à l'excès pour les désordres, les fautes, les écarts graves de ceux dont nous avons embrassé les croyances politiques, nous sommes impitoyables pour les moindres torts de nos adversaires. L'esprit de parti, cette passion sans remords, ne condamne, dans son fanatisme, que les ennemis de son système, il n'absout que ses prosélytes ; et telle est son injustice que la vertu, le mérite, le génie même, ne sauraient trouver grâce à ses yeux, s'il est réduit à les louer dans des rangs opposés aux siens. En retour, l'insuffisance, la médiocrité, l'ineptie, grandissent sous sa bannière; Mœvius devient un Virgile, Thersite est un Achille. De là, les conséquences les plus funestes; l'émulation cesse de poursuivre une renommée qui n'est plus en rapport avec le mérite réel, et l'iniquité décourage de la recherche de la vérité. Ainsi s'éclipse toute gloire contemporaine; ainsi s'altèrent au contact de ce fléau social les intentions les plus pures et les plus généreuses; et l'homme impartial, qui cherche la vérité au milieu de ce conflit épouvantable d'incriminations et de mépris, est en quelque sorte conduit à douter de la vertu.

Si l'esprit humain voulait se persuader enfin que l'intégrité absolue d'un dogme politique est une véritable chimère, qu'il n'est aucun système qui n'ait quelque côté louable, quelque point défectueux : que la louange ou la censure absolue d'un homme ou d'une opinion est rarement équitable; s'il voulait se diré qu'une action mauvaise en soi ne saurait changer de nature par son application à telle ou telle cause; que tout acte oppressif du parti qui triomphe est une faute et peut-être un crime : s'il voulait se désintéresser au point de n'accorder son estime qu'aux choses vraiment estimables, sans acception des hommes et des opinions : il n'est pas douteux que cette espèce d'éclectisme politique qui aurait quelque chose de la probité et de la gravité de l'histoire, ne rendît aux opinions divergentes une consistance profitable à leur rapprochement, et ne de-

vînt comme un premier pas à l'uniformité si dési-
rable des doctrines. La loyauté, l'impartialité dans
les discussions furent toujours les premiers présages
de conciliation entre les opinions opposées.

C'est à l'homme de lettres qu'est naturellement
imposé le devoir de répandre ces vérités utiles, de
leur donner le double crédit du talent et de la raison, de les faire germer dans les esprits. C'est à lui
surtout qu'il appartient de fonder parmi nous cette
vertu politique que nous cherchons encore, cet esprit public, principe de vie et de durée de tout gouvernement libre, dont le bienfait, retardé par qua-
rante ans d'agitations et d'orages, peut seul enchaîner les destinées de notre belle patrie. Qu'on nous
dise, Messieurs, si cette mission de sagesse et de
paix n'est pas préférable mille fois à ces appels sans
action sur la raison, tout puissans sur les passions
de ceux auxquels ils s'adressent, à ces appels dont
l'effet est d'aigrir les esprits et non de les convain-
cre, de restreindre le cercle au lieu de l'agrandir!
Qu'on nous dise si le véritable caractère de l'homme
de lettres ne s'y retrouve pas mieux que dans ces
déclamations téméraires où l'on s'efforce de présen-
ter au parti vaincu le désespoir comme son unique
ressource, et de flétrir, sans respect pour ses propres convictions, cette religion d'honneur, de reconnaissance et de fidélité dont nul n'est en droit
de profaner les mystères! Opposer au délire des
passions les accens de l'impartialité et de la raison,
n'appeler à son aide que les émotions généreuses et

désintéressées, savoir soutenir une opinion sans être homme de parti, porter enfin dans la politique cette probité austère dont on rougirait de manquer dans les relations privées : voilà, Messieurs, dans les temps de troubles, le plus bel effort de la sagesse humaine, et c'est la gloire paisible réservée à l'écrivain qui puise dans le témoignage infaillible de sa conscience les fondemens de sa foi politique et la morale de ses écrits.

Pourrait-on, Messieurs, contester à l'homme de lettres cette noble et pacifique mission, et désavouer la médiation bienfaisante du génie et de la vertu ! N'est-ce pas à lui qu'appartint à toute époque le privilége d'instruire, de corriger, d'améliorer le monde ? Qui ranimera dans les cœurs ces sentimens d'humanité, ces principes de justice qu'il n'est que trop donné aux bouleversemens politiques, à ces affreuses lacunes de la civilisation, de glacer et d'éteindre ? Qui partagera avec l'orateur sacré le ministère auguste de soutenir au tribunal des grands de la terre les droits imprescriptibles du peuple, de ce peuple à la fois le prétexte et la victime des révolutions qui agitent la surface du globe, de ce peuple auquel ses amis ne sont guère moins funestes que ses ennemis ! A qui sera dévolu le soin de cette tâche sublime, si ce n'est à l'homme que ses méditations et ses études ont conduit à amasser les trésors de la sagesse humaine, dont l'expérience s'est enrichie de l'expérience des siècles passés, à l'homme enfin à qui les leçons de l'histoire ont appris tout ce qu'il y a de puissance et de fécondité dans une idée vraie, soutenue avec constance, protégée par l'influence d'une vie pure, par l'ascendant d'une raison bienveillante et désintéressée! N'est-ce pas sous la plume des grands écrivains que sont nées, qu'ont grandi successivement ces hautes pensées qui se sont traduites, résolues à la longue en perfectionnemens utiles? N'est-ce pas aux inspirations laborieuses de leur génie que la morale a emprunté son langage sensible, la législation ses développemens progressifs, l'industrie ses ingénieuses théories?

« Pouvez-vous rien fonder dans l'opinion, » s'écrie Mme de Staël, « sans le concours des écrivains dis-
« tingués? C'est dans l'art de parler et d'écrire que
« se trouvent les seuls moyens d'inspirer ces senti-
« mens créateurs qui ont donné naissance à tout ce
« qui existe, à tout ce qui dure (1). » Peut-on oublier enfin quels secours les arts d'imagination euxmêmes ont prêtés à ces grands intérêts de la civilisation? Que de fois, aux accens de la poésie, s'est enflammée la valeur des guerriers, ces fiers arbitres des destinées du monde! Que de fois aussi la lyre du poète ou du musicien s'est émue pour célébrer leurs triomphes! Législation, combats, politique, industrie, commerce, tout est du domaine de la

(1) *De la Littérature*, etc., Disc. prélimin.

science, tout grandit, s'élève, s'embellit à la voix puissante du génie, dictature véritable à laquelle rien n'est étranger sur la terre! Et le génie se condamnerait lui-même à une honteuse inaction, il proclamerait sa propre impuissance, alors que quelqu'une de ces crises laborieuses auxquelles est imposée la mission d'éprouver et quelquefois de régénérer les sociétés humaines, appellerait de sa part un excès de sollicitude! Alors que la souveraineté pacifique dont il est revêtu serait au moment de recevoir un nouvel éclat de son alliance avec le courage de la vérité, la plus rare et la plus précieuse des vertus civiles! Par quel étrange renversement d'idées l'homme de lettres se trouverait-il tout-à-coup sans devoirs envers son pays que la discorde agite, envers l'humanité dont on méconnait les droits! Une telle inaction, je ne crains pas de le dire, Messieurs, serait flétrissante pour la dignité des lettres; elle impliquerait l'abandon de la plus noble prérogative attachée à la profession d'écrivain.

Messieurs, la civilisation moderne a amené le développement d'un pouvoir ancien en théorie, neuf dans son application, et qu'un avenir non éloigné peut-être appelle à réaliser de hautes conséquences. Sous quelque point de vue qu'on envisage la liberté de la presse, soit qu'on la considère comme un principe plus ou moins actif de dissolution et de rénovation des sociétés humaines, soit qu'à l'exemple d'un poète célèbre, on se plaise à la regarder comme un sens nouveau donné à la génération qui s'élève, *pour assouvir le besoin immense de perfectionnement, de morale et de vérité qui la dévore*, il est impossible de contester la gravité des désordres que son exercice a dejà produits sur l'économie politique, telle qu'elle est constituée de nos jours. Mais, ne nous y trompons point, Messieurs, ce n'est pas la liberté de la presse, ce droit si naturel, si logique, qui est dangereux : c'est son développement brusque au sein d'une société sans convictions, sans croyances, mobile à l'excès dans ses impressions, avide d'une félicité présente et matérielle, ardente à décomposer et à poursuivre ces superstitions innocentes et souvent salutaires qui, en d'autres temps, sous d'autres mœurs, suffisaient à la sécurité, au bonheur de notre patrie. A plusieurs époques de notre histoire, et notamment lors des troubles de la Fronde, la liberté de la presse était illimitée en France. La multitude et la licence des écrits qui nous restent de cette époque ne permettent aucun doute sur ce point. Mais son action, qui réussit à merveille alors à passionner la surface de la société, fut impuissante à ébranler les dogmes fondamentaux de la monarchie ; ses traits si perçans ne purent endommager cette longue habitude de discipline et de respect qui, dans l'esprit de chacun, plaçait le trône à l'abri de toute atteinte. Il n'a pas moins fallu que cette active progression d'idées qui a marqué les dernières années du 18e siècle pour élever la presse au degré d'influence et de domination où nous la voyons aujourd'hui.

Les meilleurs esprits sont partagés encore sur les périls et les avantages de cette liberté dont l'usage est si voisin de l'abus, mais dont l'absence est si funeste à toute autre liberté. Quel homme de lettres aurait le courage de se ranger parmi ses détracteurs, et de déchirer, pour ainsi dire, le sein qui le nourrit! Mais aujourd'hui la question n'est plus entière. Notre pacte fondamental a placé la liberté de la presse au-dessus même de l'action des lois; les sermens les plus sacrés, les engagemens les plus respectables veillent à la porte du sanctuaire de cette redoutable divinité des temps modernes; et, à voir l'inefficacité périlleuse des attaques dirigées contre elle de nos jours, on serait tenté de lui appliquer la fière et menaçante devise de cette couronne des Lombards que ceignit l'un des plus grands de nos rois. C'est donc dans d'autres combinaisons qu'il faut chercher une digue aux débordemens, aux usurpations de cette formidable puissance. Cette digue, MESSIEURS, c'est à la presse elle-même à nous l'offrir, car c'est une de ses propriétés de guérir les blessures qu'elle a faites. A ses écarts, à ses emportemens, opposons non plus le frein décrié d'une censure légale ou illégale, mais les armes d'une raison loyale, indépendante, éclairée; à ses aggressions téméraires présentons le contre-poids de cette modération sincère qui est l'étiquette de la justice. Aspirons surtout à dominer une lutte de tous les jours et de tous les instans par cette impartialité inaltérable, par cette éloquente abnégation d'intérêt personnel qui imprime à la profession de l'homme de lettres le caractère d'une véritable magistrature. Sachons réaliser enfin cette destination d'*écrivain politique*, la seule généreuse, la seule vraie, en stipulant non plus pour une fraction isolée dans l'état, mais pour les droits de tous, pour les intérêts, l'honneur, la dignité du pays. Tel est aujourd'hui le moyen d'émousser ses atteintes, et d'affaiblir à la longue l'hostilité si meurtrière de son action; c'est le seul combat digne d'elle, car c'est le seul qui ne décline pas cette juridiction suprême de l'opinion publique dont l'autorité fait toute sa puissance. Mais, pour devenir efficace, ce remède veut être employé avec discernement, avec fermeté; son administration réclame des mains pures, mais habiles; la raison est faible si le talent ne seconde son essor. Que le génie lui-même, cette puissance que les hommes de nos jours n'ont pas encore détrônée, que le génie ne répudie point cette œuvre difficile et glorieuse : elle est digne de lui. En l'accomplissant avec constance et succès, en devançant l'action salutaire de ce temps équitable qui fait justice à tous, il aura vengé par elle-même la presse de ses détracteurs, ennobli son existence, et assuré pour jamais à ce sol de franchise et de vérité l'une des libertés les plus conformes à notre caractère national. Ou je me trompe, Messieurs, ou j'entrevois dans ces résultats la source de la gloire la plus solide et la plus pure qui puisse être ici-bas le partage de l'homme de lettres.

Mais pour réaliser de semblables prodiges, c'est peu de posséder un esprit éclairé, une logique supérieure, s'il ne s'y joint l'ascendant d'une vie pure, d'un caractère honorable. La vertu est l'auxiliaire naturel du génie, et les sentimens les plus nobles ne sauraient exercer une influence sérieuse sur les esprits, s'ils sont en opposition ouverte avec les actions de ceux qui les professent. De quel poids pèsent dans la balance les noms de ces écrivains ardens à prostituer leur plume au service de tous les régimes qui se sont succédés parmi nous, palinodistes opiniâtres, tour à tour absolutistes et anarchistes, apôtres de sédition ou de légalité, selon l'occurrence, intrépides à flétrir aujourd'hui les maximes qu'ils proclamaient hier, panégyristes-nés de tous les excès funestes au pouvoir, violens dans tous les partis! Hommes indignes des émotions pures de la gloire littéraire, citoyens dégradés de la république des lettres, leurs noms repoussent la conviction et glacent la confiance. Au contraire, une séduction irrésistible enchaîne les esprits aux accens de cet éloquent interprète de la science de Platon et de Montesquieu, de ce pacifique athlète de la raison et de la justice, dont la mission grandit de toute la hauteur des circonstances dans lesquelles elle se produit, de cet homme de bien qui défie avec sécurité tous les antécédens, tous les sentimens de sa vie passée, de démentir aucun sentiment, aucune

situation de sa vie présente ; de ce sage ami de l'humanité, qui par son éloignement de tout excès politique, s'est acquis le droit de les condamner tous.
Voilà, MESSIEURS, l'écrivain auquel il est donné
d'intéresser, de persuader les hommes ; car cette
philosophie calme et bienveillante qu'il cherche à
répandre, c'est la sienne ; il est le premier exemple
de la pureté, de l'efficacité de son influence. « Le
« véritable homme de lettres, » dit un écrivain dont
le nom rappelle quelques beaux triomphes de l'é-
loquence moderne, « le véritable homme de lettres
« est vertueux. Son ame est pure, sa probité aus-
« tère. Tout ce qui agite les autres hommes n'a point
« d'empire sur lui. Il ne court point après les ré-
« compenses, la sienne est dans son cœur. Si les
« richesses s'offrent à lui, il s'honore par leur usage,
« si elles s'éloignent, il s'honore par sa pauvreté.
« Souvent même il dédaigne la fortune qui le cher-
« che. Un roi appelle Socrate à sa cour, et Socrate
« reste pauvre dans Athènes. Dans le monde, sim-
« ple et sans faste, il parlera aux hommes sans les
« flatter comme sans les craindre. Il ne séparera
« point le respect qu'il doit aux titres, du respect
« que tout homme se doit. Il sait que la dignité des
« rangs est à un très-petit nombre de citoyens, mais
« que la dignité de l'ame est à tout le monde, que
« la première dégrade l'homme qui n'a qu'elle, que
« la seconde élève l'homme à qui le reste manque.
« La vertu dans un cœur noble se nourrit par la
« liberté. Il sera donc libre, et sa liberté sera de

« n'obéir qu'à l'honneur, de ne craindre que les
« lois. (1). »

Hâtons-nous de le reconnaître, MESSIEURS, à
aucune époque orageuse de notre histoire, les lettres n'ont été infidèles à la destination généreuse
que j'ai revendiquée pour elles; jamais elles n'ont
dénié à la société ce tribut de vérités utiles qu'il est
dans leur nature de lui offrir. Et, pour ne fixer votre
attention que sur des temps rapprochés de ceux où
nous sommes, c'est à un écrivain également distingué comme magistrat et comme orateur, qu'il fut
donné de faire entendre, au début de cette grande
crise de 1789, les premiers accens de conciliation
qui retentirent parmi nous. Ces accens se perdirent
dans le tumulte des passions; mais l'*Adresse aux
amis de la paix*, remplie de vérités applicables encore de nos jours, n'en subsiste pas moins comme
l'un des plus nobles monumens de la carrière si
pleine de Servan. Ce fut une des dernières inspirations de sa belle ame, et les orages qui ne tardèrent
pas à fondre sur la France ne justifièrent que trop
la sollicitude prévoyante qui s'efforçait de les con-
jurer. Avant lui, la grande ame de Malesherbes,
écrivain profond et sage, ministre vertueux, courageux conseil de son roi, et l'un des plus nobles
caractères des temps modernes, avait réalisé tous

(1) Thomas, Discours de réception à l'Académie française.

les prodiges qu'on a droit d'attendre de l'éducation littéraire appliquée à l'homme d'état.

Mais les annales de notre révolution nous offrent, Messieurs, un exemple plus concluant de la puissance des lettres, exemple d'autant plus mémorable, qu'aux sentimens d'un esprit élevé il se joignit un courage rare et digne des plus beaux temps de l'antiquité. Un homme de lettres à l'immortalité duquel ce trait suffirait seul, le vénérable Laya, ose hasarder aux jours les plus orageux de cette époque de violence et d'anarchie si bien nommée *la terreur*, la représentation d'un drame où la modération, la bienfaisance, tous les sentimens humains sont peints sous de séduisantes couleurs. Encore un peu de jours, et Louis allait monter aux cieux par les degrés sanglans de l'échafaud. La pièce est applaudie avec transport, et ces applaudissemens retentissent dans la France entière. Peignez-vous l'effroi, la fureur de ces anarchistes qu'une maxime d'humanité agite à l'égal d'un remords! Le féroce Robespierre lui-même en tressaille sur sa chaise curule. Il faut faire cesser à tout prix ces outrageantes manifestations. Les représentations de l'*Ami des lois* sont suspendues. Laya s'élève à la hauteur de ce premier acte de courage par l'activité, par l'énergie de ses réclamations. Chose étrange! il obtient de la Convention elle-même le rapport de cette interdiction arbitraire. Mais le jour luit où la hideuse faction de la Montagne fixe dans ses rangs un triomphe long-temps indécis. La liberté, la vie même du courageux écrivain est dérobée à la protection de ces lois qu'il invoque avec une foi si intrépide et si vive. Contraint à fuir, il lègue, du moins, à l'imitation des gens de lettres, l'un des plus éclatans exemples d'héroïsme civil dont l'histoire fasse mention. Il fuit, mais l'effet est produit; des accens de justice et d'humanité ont retenti une fois encore sur cette scène alors déshonorée par tant de productions monstrueuses; et, pour emprunter la voix d'un illustre pair, appelé, dans une occasion solennelle, à retracer ce bel épisode de nos annales, « si le théâtre « eût été dans les vastes proportions que la magni- « ficence des anciens donnait à ces grands édifices « dont les ruines sont encore si imposantes, il est « permis de croire qu'il en serait sorti une armée « entière; la tyrannie était détruite, et le roi était « sauvé (1). »

Le régime de gloire et de despotisme qui détrôna l'anarchie exigea des gens de lettres moins de ce courage actif et aventureux qui consiste à mettre une vie d'homme au service d'un principe, et à préférer à sa propre existence l'accomplissement d'un acte d'humanité qui profite à tous. L'asservissement absolu du théâtre et de la presse éloignait pour ce genre de courage jusqu'à l'occasion de se manifester. Peut-on oublier, toutefois, ce discours mémorable où le plus grand écrivain de notre siècle, préludant

(1) Discours de M. le duc de Lévis, en réponse à celui de M. Laya, lors de sa réception à l'Académie française.

aux combats qui devaient remplir sa vie, protestait avec tant de force contre le régime oppressif qui pesait sur la France, discours dont le bruit alla troubler au sein de ses triomphes le conquérant superbe devant lequel s'inclinait l'Europe entière ! Mais un autre héroïsme, sans offrir les séductions du péril, devint pour quelques autres écrivains de ce règne la source d'une honorable renommée. Delille et Ducis ajoutèrent à leur illustration poétique par le noble éclat de leur indépendance et par la constance religieuse de leur foi politique; et Fontanes lui-même prit noblement soin d'absoudre l'excès de ses louanges passées en repoussant avec fermeté, à la tête du corps législatif, cette étrange prétention du chef de l'empire qui tendait à lui contester son plus précieux caractère et à le reléguer au quatrième rang parmi les pouvoirs de l'état. Ainsi, la dignité des lettres trouva de généreux interprètes au sein même du régime le plus destructif de l'indépendance et de la liberté.

La Restauration, Messieurs, que nos vœux saluèrent comme le gage d'une transaction salutaire entre les traditions du passé et les nécessités du présent, la Restauration, dont les fautes commandent toute la générosité des esprits délicats, toute la réserve qui sied aux jugemens contemporains, établit parmi nous cette liberté sage dont vingt-quatre années d'anarchie ou d'oppression avaient rendu la France avide. Le prince éclairé auquel appartint la mission glorieuse de la consommer et de l'affermir, com-

prenait trop par lui-même l'indépendance littéraire
pour l'humilier par les prétentions oppressives qui
avaient provoqué les nobles résistances que nous
venons d'admirer. Rarement aussi, sous ce règne,
les circonstances politiques devinrent assez orageuses pour élever la mission de l'écrivain jusqu'à
l'éclat du dévoûment. C'est sous d'autres caractères
que se retrouva l'impérissable dignité des lettres.
N'est-ce pas elle qui donna aux paroles de cet orateur philosophe que la *monarchie et la liberté ont
également revendiqué comme leur plus loyal interprète* (1), cette autorité imposante, et en quelque
sorte prophétique, qu'elles conservent encore de
nos jours? Pense-t-on que les études littéraires qui
captivèrent ses premiers efforts aient été sans action
sur le talent harmonieux et facile, sur l'ame élevée
de ce ministre homme de bien, qui n'a pu survivre
à la chûte de cette dynastie qu'il avait si noblement
défendue, et dont le plus digne éloge serait de dire
qu'il fit rêver la réconciliation des partis à cette tri-
bune, si souvent témoin de leurs aggressions et de
leurs violences? N'est-ce pas enfin un bel hommage
rendu à la mission sacrée des lettres dans les temps
de troubles, que cette brillante utopie (2) récemment hasardée au milieu de nos discordes civiles
par le plus sublime et le plus religieux de nos poè-

(1) Paroles de M. de Martignac dans son Plaidoyer pour le
prince de Polignac, à la cour des pairs, décembre 1830.

(2) *De la Politique rationnelle*, par M. de Lamartine.

tes, bienveillant appel à la raison publique dans lequel il faut tenir compte à ce génie rêveur et désenchanté de n'avoir pas désespéré de l'avenir de notre patrie !

Je suis loin, MESSIEURS, de la prétention d'avoir approfondi le sujet immense que j'ai essayé d'offrir à vos méditations. Ce sujet réclame une plume plus exercée, un cadre moins circonscrit. En le choisissant pour texte du remercîment solennel que je devais à vos bontés, j'ai cédé également au besoin de payer un faible mais sincère tribut de reconnaisance à ces lettres dont la culture m'a offert, à défaut de succès, tant et de si précieuses jouissances; car, c'est leur rendre hommage que de retracer l'importance, la grandeur de la mission de ceux qu'elles inspirent. Mon but sera surtout atteint, si j'ai pu réussir à ranimer le zèle de ces écrivains consciencieux et éclairés dont la neutralité ne saurait être trop amèrement déplorée dans les temps où nous sommes, à leur persuader qu'à l'homme de lettres, plus encore qu'à tout autre citoyen, appartient le devoir d'offrir à ses semblables le tribut des vérités utiles, et que la voix du génie, ce généreux auxiliaire du temps, n'est impuissante à aucune époque, dans aucune situation de la vie humaine; si j'ai été assez heureux, enfin, pour développer avec quelque fruit cette pensée du poëte illustre auquel je viens

de faire allusion : « *Ce temps n'est pas celui du re-*
« *pos, de la contemplation, des loisirs platoniques ;*
« *si l'on ne veut pas être moins qu'un homme, on*
« *doit descendre dans l'arène de l'humanité, et com-*
« *battre, et souffrir, et mourir, s'il le faut, avec*
« *elle et pour elle ! (1)* »

(1) *Politique rationnelle*, par M. de Lamartine.

Lyon. G. Rossary, imprimeur.